也許一切都是最好的安排。

Maybe It Is The Best

正面思考：58

也許，一切都是最好的安排

編著　江月
出版者　大拓文化事業有限公司
執行編輯　林美娟
美術編輯　蕭佩玲

總經銷　永續圖書有限公司
劃撥帳號　18669219
地址　22103 新北市汐止區大同路三段一九十四號九樓之一
TEL　(〇二)八六四七—三六六三
FAX　(〇二)八六四七—三六六〇
E-mail　yungjiuh@ms45.hinet.net
網址　www.foreverbooks.com.tw

CVS代理　美璟文化有限公司
TEL　(〇二)二七二三—九九六八
FAX　(〇二)二七二三—九六六八

法律顧問　方圓法律事務所　涂成樞律師

出版日◇二〇一六年一月

國家圖書館出版品預行編目資料

也許，一切都是最好的安排 / 江月編著. -- 初版.
-- 新北市 : 大拓文化, 民105.01
面 ;　公分. -- (正面思考系列 ; 58)
ISBN 978-986-411-024-7(平裝)
1.人生哲學　　2.修身
191.9　　104024515

前言

一位大學剛畢業的朋友做了青年志工，他選擇到深山貧困的學校去當兩年的教師。開學時，學校安排課程，他向校長說：「麻煩您把分配給我上的課時間減少些，我需要一些時間教孩子們別的東西。」

頭髮花白的老校長不解地問：「除了教科書，你還要教孩子們什麼呢？」

朋友說：「到這裡幾天，我走訪了一些學生的家庭，發覺孩子們輟學，除了因為家境貧寒外，還有一個重要的原因，就是孩子們有厭學的心理。為什麼他們會厭學呢？因為他們都缺少夢想，或者他們的夢想根本和上學沒有絲毫的關聯，所以我想最重要的，就是要教他們學會夢想。沒有夢想，一個人就不會有心靈的動力；沒有心靈的動力，被動地靠別人推著走，肯定難以走遠的。」最後他說：「我要教他們學會夢想！」

「教孩子們學會夢想？」老校長愣了。他教了一輩子的書了，在這貧窮而且偏僻的地方，除了教知識、教技術、教孩子們一些做人的道理，他從來沒有見過也沒聽說過能夠教夢想的。夢想該怎麼教呢？夢想能教嗎？

老校長十分疑惑地問我的朋友。朋友聽了，思忖片刻，對老校長說：「我們不妨現在到教室裡去聽聽孩子們的夢想吧。」

朋友和老校長來到破爛不堪的教室裡，他們要孩子談一談自己的夢想。

一個男孩子說：「我的夢想是長大後能買到一輛自行車，然後騎上它到鎮上去逛一逛。」

一個女孩子說：「我的夢想是能有一件雲彩般的花裙子，穿上它很漂亮。」

還有幾個孩子認真思索了半天說：「我們的夢想是有一天能到城裡去打工，

替家裡多賺一點錢，買許多的東西，從此再也不愁吃飯。」

老校長聽著孩子們七嘴八舌的夢想，禁不住哭了。他沒想到，孩子們的夢想竟是這麼的小，這麼的微不足道啊！他擦了一把老淚不安地對朋友說：「孩子們沒見過世面，不知道外面世界有多大，所以夢想渺小得令人心酸，這實在怪不得孩子們。」

朋友望了望老校長，笑著問：「假若你現在也是這個年齡的孩子，那麼你的夢想會是什麼呢？」

「我的夢想？」老校長瞇起眼睛想了半天說：「我的夢想就是能到真正的師範學校去念兩年書。你或許不知道吧，在我們這裡，真正從師範大學畢業的老師才兩個人啊！」

聽著孩子們的「夢想」和老校長的夢想，朋友心中感慨萬千。

不久，在朋友的奔波下，第一批學生千里迢迢來到了繁華而喧鬧的城市。川流不息的汽車，一幢一幢的大樓，五彩繽紛的電視，琳琅滿目的超市，神奇的電腦世界……孩子們一下子進入一個他們根本無法想像的世界。在城市那幾天裡，孩子們明白了一輛自行車並不是多麼難以企及的東西，也知道能擁有兩隻山羊並不是多麼巨大的財富，他們知道了比爾．蓋茲，知道人類已經把腳步踏上了另一個星球，知道航太飛機、核潛艇等，而且也知道了，想擁有這樣的生活並不難，只要好好地學習知識，知識可以改變他們的一切。而這些知識，需要他們踏踏實實地在學校學習。

回來後，許多孩子明顯和以前不一樣了，他們都有了自己嶄新的想法。在《我的夢想》作文中，許多人表達了想當航太工程師、教授等等夢想。幾個曾經想退學的孩子再也不肯退學了，還有兩個被家長逼著輟學的孩子，跪了整整一夜，懇求父母能讓自己把書念下去。

幾批孩子們到城裡逛了一遍後，這裡的貧困孩子失學率驟然下降，而孩子們的成績卻令人吃驚地好了起來。僅僅半個學期，他們的成績就成了附近學校之中最好的。人們很不解，詢問滿頭白髮的老校長，老校長意味深長地說：「這是因為孩子學會夢想了，他們的人生夢想比別人的遠、比別人的大吧！」

是的，夢想對於人的一生是重要的。有什麼樣的夢想就會有什麼樣的命運；

夢想的大小往往決定了人生事業的大小，夢想的遠近，也往往決定著人生世界的狹隘與廣闊。學會夢想，並且讓夢想站得更高更遠，這是讓人生更有價值、更精彩的唯一辦法！

目錄

contents

第一章 淨葉不沉

第二章 路，在沒路的地方

第三章 角度

第四章 總有一顆心在乎

目錄

contents

第五章 面對

第六章 把自己放低

1

淨葉不沉

流言蜚語、誹謗和詆毀，只能把純淨的心靈淘洗得更加純淨。

愛的果實

贈人玫瑰，手留餘香。贈人以花，回報得果。

兩戶人家是一牆之隔的鄰居。左邊這家在相鄰院牆邊種了一棵葡萄，右邊那家也在臨牆邊種了一棵櫻桃。

葡萄和櫻桃不知不覺地長高了，有幾枝葡萄蔓從左邊的院牆爬到右邊的鄰居家去，主人想把它扯回來，但想了想還是沒扯，就任它在右邊的鄰居院子裡生長，只是在晚秋或冬天時，會帶著修枝的利剪到右邊鄰居家去修剪葡萄籐。

右邊那家的櫻桃樹也長高了，有幾枝伸過院牆到了左邊鄰家的院子裡，主人也沒有把它扳回來，只是在替果樹噴藥時，會帶著噴霧器到左邊的鄰居家去，把伸過院牆的櫻桃枝也順便噴噴藥。

夏天時，左邊的人家在自家院子裡吃到了甜美而晶瑩的櫻桃；而右邊的人家，則在秋天時吃到了鄰居家伸進院子裡的葡萄。種了一棵樹，卻能吃到兩種甜美的果實，兩家人都很高興。

後來，右邊的鄰居搬走了，住進來一家新鄰居。新主人把伸到鄰居家的櫻桃樹枝扳了回來；左邊的鄰居見狀，便拎一把大剪，卡嚓剪斷了伸到鄰居家的葡萄樹籐。此後左邊人家只能吃自己院中的葡萄，右邊人家也只能吃自家院中的櫻桃了。

贈人玫瑰，手留餘香。贈人以花，回報得果。記住，在這個世界上，想種一棵樹而能嚐到兩種果實，既要容許別人的果枝伸到自己的家園來，更要容許自己的果枝伸到別人的家園去。

給自己一片懸崖

絕地往往可讓你重生，絕境才會讓生命創造出神話和奇蹟。

在非洲草原上，常常有這樣一個令人吃驚的畫面：幼羚羊剛剛能夠飛奔時，在獵豹和猛獅的緊緊追捕下，那些成年羚羊總是會引領著小羚羊們箭似地奔出平坦的開闊地，奔向險峻的山嶺。

動物學家們驚訝地發現，羚羊們逃命的山嶺往往是附近最陡峭、懸崖最多的山嶺。尤其是那些陡峭的山崖，那裡經常是羚羊們的逃生首選之地。每當獵豹和雄獅氣勢洶洶地追來時，領頭的羚羊就會在瞬間一躍而起，果斷地引領著羚羊們的浩蕩隊伍，避開重重攔截，向距離最近的山峰奔去。

其實，一隻成年羚羊在草原上矯健地左右狂奔時，即使快如閃電的獵豹也常常望塵莫及。

那麼，羚羊們為什麼在生死攸關的時候為自己選擇一片懸崖呢？當幼羚羊剛剛學會在大草原上飛跑時，由於奔跑的速度不夠快，牠的腹肌並沒有運用到最極致，所以即使牠拚命奔跑，步幅也不過是三尺左右。但當幼羚羊被成年羚羊引領上峰頂，前無生路後有獵豹和雄獅逼近，眼看成年羚羊捨命一躍，幼羚羊也都會悲壯地使出所有的力量，像一張徹底拉滿的弓，然後拚命一躍，讓自己像箭一樣從懸崖上射出去。

幸運的羚羊會躍過深淵，跳到對面的山坡或峰頂上；就算是不幸落到淵底或懸崖斷壁的羚羊，也由於牠們的身體柔韌矯健，不會因此遭到多大的損傷。但把羚羊們逼上懸崖的獵豹和雄獅，因為身軀太過龐大沉重，面對羚羊躍過的山崖，往往只能束手無策空手而歸。

最大的不同是，曾躍過山崖的幼羚羊們，在奮力跳躍的過程中，腹肌都有不同程度的拉傷，拉傷很快恢復後，牠們飛奔的步幅就會明顯增長很多，差不多可以達到近五尺。這樣的步幅，就是在草原上飛奔時，雄獅和獵豹們望塵莫及的關鍵。

動物學家終於明白羚羊們給自己一片懸崖的目的了。給自己一片懸崖，給自己的命運一片懸崖，絕地往往可以讓你重生，絕境才會讓生命創造出神話和奇蹟。

麋鹿哪裡去了

得到了花朵，卻失去了果實。

這是流傳在非洲的故事：

有一個人要到草原上獵麋鹿，他扛著獵槍找了很久，終於發現了一隻身肥體壯的麋鹿。獵人十分高興，他悄悄潛伏在草叢中，準備靠近後再開槍。

正當他已經接近麋鹿時，忽然，前方草叢裡跳出了一隻豺狼！那是一隻機敏的豺狼，牠的四肢十分輕捷，不屑地望了望這個又瘦又矮的獵人，傲慢地在離獵人不到二碼的地方散起了步。

獵人被激怒了，拿起獵槍就瞄向豺狼。但這隻豺狼實在太聰明了，看到獵人瞄向自己的槍管，牠輕輕一跳就跳到一邊去了。當獵人好不容易第二次瞄準牠正要扣下扳機時，牠再度一跳，獵人的瞄準又落了空。牠戲弄著獵人，但並不走遠，惹得獵人十分生氣。於是獵人從草叢中跳出來，端著獵槍直直地朝豺狼撲去，但豺狼卻拔腿一溜煙逃開了。逃了一段距離，估計不在獵人獵槍的有效射程之內，牠又傲慢地停了下來，扭過頭來，挑釁似地盯著獵人。獵人根本受不了這個挑釁，他咬牙發誓，今天非要和這隻豺狼一決勝負不可。獵人忿忿地向豺狼追去，追到了一片又高又密的草叢裡，豺狼不見了。

獵人在草叢裡找了半天，那隻豺狼早沒了蹤影。正懊惱時，草叢裡跳出了一隻灰色的兔子，這隻兔子又肥又大，而且機敏過人，縮起兩隻前腿高高坐在地上，面對著近在咫尺的獵人，傲氣十足且懶洋洋捋著自己的長長鬍鬚。

一瞧見那模樣，獵人更加氣憤了。為了追那隻可惡的豺狼跑半天，累得要死卻徒勞無功就算了，又遇見這隻傲慢十足且根本不把自己放在眼裡的混蛋灰兔。連這隻灰兔也敢用蔑視的眼光來看人，那自己還算什麼獵人呢？獵人決定不再繼續和那隻躲起來的豺狼賭氣了，非把眼前這隻可惡的灰兔打死不可。

但這隻灰兔也十分的狡猾，當獵人用獵槍瞄準牠時，牠就前後左右跳個不停，讓獵人找不到開槍的機會。獵人鬆懈下來，牠也隨著鬆懈下來，縮起兩隻前腿，悠閒地捋著鬍鬚，用嘲諷的目光輕蔑地望著獵人。獵人生氣極了，拎起獵槍就去追那隻灰兔，灰兔一溜煙跳進前面那片叢林裡去了。

獵人追進叢林，灰兔早就跑得無影無蹤了。精疲力竭的獵人正看著叢林發呆時，忽然聽見樹上響起了得意的鳥叫。他抬頭一看，自己的頭巾不知什麼時候已被那隻黑色禿鷲叼走了，此刻正高高地掛在樹梢上。

「太可惡了，竟敢抓走了我的頭巾，我今天非打下你，再把你的羽毛一根不剩地全部拔掉！」獵人頓時大罵。

但那隻禿鷲一點也不把獵人放在眼裡。牠飛到另一棵樹上，獵人剛追到樹下，禿鷲馬上叼著獵人的頭巾，輕輕一跳飛到了另一棵樹上。獵人就這樣在叢林裡奔來跑去，累得一步也跑不動了，趴在地上氣忿地喘氣。

這時，那隻禿鷲忽然得意地問獵人說：「愚蠢的獵人，你本來追的那隻麋鹿在哪兒呢？」

「麋鹿？什麼麋鹿？」獵人想了半天，才恍然醒悟，「是啊，我今天是想捕麋鹿才來狩獵的，可是現在那隻麋鹿在哪兒呢？」

其實，世界上有多少人正像這個獵人呢？我們原本是朝著一個目標奮鬥的，可是在追逐的過程中，卻一次又一次偏離了原來的方向，淡忘了生命的目的，等到恍然大悟時，已經日暮途窮精疲力竭，再也沒有時間繼續人生的目標了。

許多人的夢想都是這樣化為泡影的，就像一個人栽下一棵桃樹，夢想採收果實，但桃花綻開，他卻沉醉地採起了桃花來。得到了花朵，卻失去了果實。

孤注一擲於自己的夢想，對過程中的種種蠱惑視而不見，這是抵達真正夢想的唯一之路。

傷口上的翅膀

慾望和投機是夢想的天敵。

蛹要孵化成蝶，是一個十分艱辛的歷程。

首先，要經受住飢餓，再美味的東西即使在口邊，也必須抑制住心靈深處那份強烈的慾望。它必須把自己曾經臃腫的身材拚命地瘦下去，甚至瘦到皮包骨的地步。只有這樣，原來那副肥胖的蛹殼才能慢慢和它的身體逐漸分化剝離。

和蛹殼徹底分離後，只要鑽出蛹殼，就可以夢想成真蛻化成一隻斑斕而能夠自由、輕盈飛翔的美麗蝴蝶了。為了能早日鑽出堅硬的蛹殼，所有的蛹都使出了渾身解數，有的用並不鋒利的唇齒拚命撕咬蛹殼的缺口，有的探出頭來用盡氣力企圖把缺口撐得更大些。

昆蟲學家發現，在破殼而出的化蝶過程中，這些蛹的表現也是不同的。有的蛹企圖投機取巧，努力地吐出身上全部的濕液，弄濕乾硬的老殼，以利於撕開更大的缺口使自己輕鬆脫殼而出。但另外一些蛹就不同了，它們把缺口稍稍撕大一點點，就拚命地弓起身體從缺口處往外擠，直到寬厚的脊部傷痕纍纍。它們一點也不想投機取巧地把缺口再稍微撕大一點點。

這兩種脫殼的方法導致了兩種絕對不同的結果。把缺口撕大，不受任何擠壓順利脫殼而出的蛹，雖然輕鬆地脫殼而出，但卻根本長不出翅膀，變不成蝴蝶，它們只是蛻化成一隻新生的蛹。而那些背部飽受擠壓歷盡磨難的蛹，背部的傷口很快就長出了美麗的翅膀，化蛹為蝶。

慾望和投機是夢想的天敵，一顆貪婪和投機的心靈是永遠抵達不了夢想的。要使自己化蛹成蝶，長出能夠自由飛翔的翅膀，關鍵就是要從慾望和投機的堅硬蛹殼裡脫殼而出。抵制了慾望和投機，你的人生就有了一雙美麗的蝶翅。

生命的稜角

堅守心靈的稜角，才能堅守住自己。

一堆岩石生活在一個澗谷裡。

一天，幾塊岩石商量：「老是生活在這個窮山惡水間，早就煩啦，不如咱們也像別的石塊那樣，跟著水往遠方走吧。」

一塊岩石說：「跟水走可以，但這不是說說那麼容易，想跟水一塊兒到遠方去，我們必須磨掉這些稜稜角角。」

許多岩石馬上附合：「磨掉就磨掉吧，我們要這些討厭的稜稜角角幹什麼，留著這些稜角，就不能跟水到遠方去見大世界了。」

於是，許多岩石就在風雨中拚命地相互磨起來。只有一塊青白相間的岩石高傲地站著說：「丟掉稜角，不就也成了那些光滑、沒用的鵝卵石了嗎？」

立刻有岩石大聲駁斥它：「不磨成鵝卵石，怎麼能跟河流一起去更寬廣的地方呢？」

青白相間的岩石說：「保持稜角有什麼不好呢？因為這些稜角，我們才不用隨波逐流，能被人砌牆築堰。也才不會丟失我們懷裡緊抱的那一粒金子，保持住自己的價值啊！」

一群岩石聽了，都冷笑起來：「你想在這深山幽谷裡再呆上一萬年、一億年，就好好保留你自己的稜角去吧！」

終於有一天，這群岩石們把稜角徹底磨光、磨圓了。一個山洪暴發的夜裡，它們在閃電忽明忽暗的猙獰照耀下，被河水粗暴驅趕著隨波逐流而去。只有那塊保持著稜角、青白相間的岩石高傲地堅守在那裡。

這群磨掉稜角的岩石，跟著河流越走越小越走越小。直到有一天，它們突然發覺自己已經瘦成了雞蛋大小的鵝卵石。它們開始害怕了，再這樣隨波逐流下去，肯定會被水打磨得粉身碎骨，甚至連自己也找不到自己了，於是它們決定逃離水和河流。

在一個漲潮的夜裡，它們好不容易逃到河岸邊的沙灘上。正高興的時候，一個農夫走了過來，彎下腰看了看它們，搖搖頭說：「這些沒稜沒角的石頭一點作用也沒有。」於是一揚手，撲通撲通，又把它們扔進河流裡去了。

沒辦法，它們只好一點點地被波浪磨蝕著，又繼續隨波逐流了。最後，它們成了一把可憐的砂子，緊抱在懷裡的那一粒黃金，也早被河水粗暴地掠奪了。

有一天，它們被挖起送進了一個車水馬龍的建築工地裡。令它們興奮的是，竟和那個不肯磨掉稜角的青白大石不期而遇了。

大岩石依舊稜角分明威風凜凜，大岩石告訴它們說：「我一路船載車運千里迢迢到這裡，被選中要做成這座大石橋上漂亮的標誌物。就算最差，我也會被砌到這座橋上，有一個屬於自己的顯赫位置。」

看著青白大石洋洋得意的樣子，這一群砂子憤怒了。它們質問大岩石說：「我們都曾經和你一樣巨大堅實，憑什麼你就這麼幸運呢？」

大岩石驕傲地笑著說：「你們的過去是比我更巨大、更堅實，是你們自己要隨波逐流把稜角磨去的，而我卻保持了自己的稜角。於是我不僅至今仍然懷抱著屬於自己的那一粒金子，而且也因為稜角，才擁有了大橋上顯著的位置。」這群砂子頓時沉默了。

是啊，只有堅守心靈的稜角，才不會去隨波逐流，不會弄丟屬於自己的那一粒金子，並且在社會裡找到可以自豪的位置。

堅守心靈的稜角，才能堅守住自己。

別人的腳印

從眾的思維，造就出的只能是思想的庸者。
從眾的人生，造就出的只能是生活俗人。

昆蟲學家在觀察毛毛蟲的生活習性時，曾做過一個實驗：把一根樹枝折成圓形放在一堆樹葉上，然後依次在圓形樹枝放上十幾隻毛毛蟲。很快，這十幾隻毛毛蟲就在樹枝上排成一個圓形，頭尾相接地蠕動起來。它們從上午走到下午，從下午又走到第二天、第三天……

期間，有一隻毛毛蟲一不小心從圓形樹枝上掉下來了。它在樹枝旁蠕動了蠕動，觸碰到了那些嫩葉，於是便吃了起來。四天過去後，樹枝上那一圈毛毛蟲已經全部餓死了。它們一個個頭尾相接地死在那根樹枝上，如果有哪一隻稍稍偏離一下樹枝，甚至只是稍稍扭動身子，觸角就可以觸到那些鮮嫩的綠葉了。但因為它們寸步不離前者的足跡，所以儘管美味的綠葉就近在身旁，它們卻還是全部餓死了。

只有那一隻不幸從隊伍中摔下來的毛毛蟲幸運地活了下來。它吃得身材臃腫、通體綠亮，還在葉片上快樂地生活著。

昆蟲學家嘆息說：「那一群頭尾相接累死餓死的毛毛蟲，並不是死於它們的路永無盡途，而是死於盲目的從眾意識。不幸摔下樹枝的那隻毛毛蟲，它能幸運地存活下來，是因為它幸運地被摔出了那個盲目從眾的心理習性。」

從眾，讓那些毛毛蟲身離綠葉咫尺卻白白餓死了；脫離從眾，卻讓一隻毛毛蟲意外地存活下來。多少人何嘗不是那些盲目從眾的毛毛蟲呢？什麼科系熱門，我們就踴躍報考什麼科系；哪條旅遊路線人多，我們就不加思索地擠進那條旅遊路線……

結局往往是：熱門的科系，給了我們一個僧多粥少的就業選擇；熱鬧的旅遊線路，給了我們品質不高的行程安排。從眾的思維，造就出的只能是思想的庸者。從眾的人生，造就出的只能是生活俗人。追逐別人的腳印，在生活和命運裡從眾，往往看不到最新奇的人生風景，永遠抵達不了與眾不同的生命境界。

泥濘留痕

在泥濘裡行走，生命才會留下深刻的印痕。

鑑真和尚剛剛剃度遁入空門時，寺裡的住持見他天資聰慧又勤奮好學，心裡對他十分讚許，但卻叫他去做寺裡沒人願意做的行腳僧。每天風裡來雨裡去，吃苦受累不說，化緣時還常常遭白眼，被人譏諷挖苦。鑑真對此忿忿不平。

有一天，日已三竿，鑑真依舊大睡不起。住持很奇怪，推開鑑真的房門，見他依舊不醒，床邊堆了一大堆破破爛爛的芒鞋。

住持叫醒鑑真問：「你今天不外出化緣，堆這一堆破芒鞋做什麼？」

鑑真打了一個哈欠說：「別人一年一雙芒鞋都穿不破，可是我剛剛剃度一年多，就穿爛這麼多的鞋子，我是不是該為廟裡省些鞋子了？」

住持一聽就明白了，微微一笑說：「昨天夜裡落了一場雨，你隨我到寺前的路上走走看看吧。」

鑑真和住持信步走到寺前的大路上。寺前是一座黃土坡，由於剛下過雨，路面泥濘不堪。

住持拍拍鑑真的肩膀說：「你是願意做一天和尚撞一天鐘呢，還是想做一個能光大佛法的名僧？」

鑑真說：「我當然希望能光大佛法，做一代名僧。但一個別人瞧不起的苦行僧，怎麼去光大佛法？」

住持撚鬚一笑：「你昨天是否在這條路上行走過？」

鑑真說：「當然。」

住持問：「你能找到自己的腳印嗎？」

鑑真十分不解地說：「昨天這路又平又硬，小僧哪能找到自己的腳印？」

住持又笑笑說：「今天我倆在這路上走一遭，你能找到你的腳印嗎？」

鑑真說：「當然能了。」

住持聽了，微笑拍拍鑑真的肩說：「泥濘的路才能留下腳印，世上芸芸眾生莫不如此啊。那些一生碌碌無為的人，不經風不沐雨，沒有起也沒有伏，就像一雙腳踩在又平又硬的大路上，腳步抬起，什麼也沒有留下。而那些經風沐雨的人，他們在苦難中跋涉不停，就像一雙腳行走在泥濘裡，他們走遠了，但腳印卻印證著他們行走的價值。」

鑑真慚愧地低下了頭。

在泥濘裡行走，生命才會留下深刻的印痕。

一杯淨水

只要我們不把自己的不幸和挫折放大，就沒有什麼能夠擋住人生的陽光和幸福。

日本的一個村莊裡，貧困的老婦人和她唯一的兒子相依為命。老婦人盡最大的能力栽培兒子，期盼著有一天兒子長大了，能為她築起一座有著花園的房子，買下百畝肥沃的田地，給她帶來無比的歡樂和幸福。

但厄運卻不知不覺降臨到這個老婦人身上。有一天傍晚，老婦人的兒子突然生病了，劇烈疼痛、渾身抽搐。老婦人連忙提著燈籠去鄰近的村莊請醫生。但當老婦人和醫生半夜回到家裡時，兒子已經靜靜地躺在床上死去了。唯一的兒子沒有了，老婦人十分悲傷，她在兒子冰冷的身邊整整坐了三天三夜，然後默默地鎖上房門走了。

她傷心欲絕地來到京都一座氣勢恢宏的禪寺，找到名揚天下、德高望重的老禪師——白鶴大師，苦苦向大師哭求：「大師，有什麼辦法讓我的兒子復活嗎？」

大師望著這個可憐的老婦人說：「施主請放心，我有辦法讓你的兒子復活，但是你需要做一件事情。」只要能讓兒子復活，別說是一件事情，就是一百件、一千件事情，老婦人也心甘情願的。

老婦人說：「大師，請告訴我需要做什麼事情吧，就算是上刀山下火海我也願意做。」

大師笑笑說：「沒有那麼難，不過是一件小事情。是這樣，讓你兒子死而復生，只需要一杯水。你要找到一個沒有任何痛苦和災難的幸福家庭，請他們施捨給你一杯淨水。當你把這杯水交給我之後，就可以救活兒子了。」

老婦人一聽心裡頓時輕鬆許多，只需要一杯淨水就能救活兒子，多麼簡單的一件事情啊！於是老婦人滿懷期望地上路了。

老婦人走了一戶又一戶人家。當她對人們說出要求後，大家都搖頭說：「我們哪算得上是幸福人家呀，我們都有煩惱和不幸。」於是，每戶人家都向老婦人傾訴自家的苦難，聽得老婦人嘆息不已，連忙安慰那些痛苦的人們。就這樣，老婦人走遍了每一個村莊。十多年過去了，忙忙碌碌地奔波於鄉間，始終沒能找到那一杯能夠拯救兒子生命的淨水。老婦人想：「可能是鄉間太貧寒，才沒有一個可以稱之為美滿幸福的家庭吧！於是她開始走進城市去尋找。」

在高樓林立燈火通明的城市裡，老婦人敲了一家又一家居民的門，夢想找到幸福而美滿的家庭。但每家都同情地告訴老婦人說，他們並不幸福美滿，他們各自有各自的苦衷，所以很抱歉，不能給老婦人這杯她期望的淨水。老婦人找過家財萬貫的銀行家，找過紙醉金迷的大富翁，還找過氣派不凡的高級官員，甚至還找了赫赫有名的天皇宮殿，就是沒有找到一個敢稱自己幸福美滿的家庭。

老婦人決定不再尋找那一杯淨水了，她終於明白這世界上找不到一個從沒經歷過痛苦和不幸的家庭。而跟許多家庭的痛苦相比，自己的喪子之痛其實又算得了什麼呢？喪子的憂傷在老婦人的心裡漸漸淡然了。

是的，一杯淨水固然很容易找到，但一杯沒有任何憂傷和挫折的淨水，在這個世界上幾乎是沒有的。每個人都有自己的苦難，只要不把自己的不幸和挫折放大，就沒有什麼能夠擋住人生的陽光和幸福。

淨葉不沉

流言蜚語、誹謗和詆毀，只能把純淨的心靈淘洗得更加純淨。

一個年輕人千里迢迢找到燃燈寺的釋濟大師說：「我只是讀書耕作，從來不傳不聞流言蜚語，不招惹是非，但不知為什麼，總是有人用惡言誹謗我，用蜚語詆毀我。如今，我實在有些受不了了，想遁入空門削髮為僧以避紅塵，請大師您收留我！」

釋濟大師靜靜聽他說完，微然一笑說：「施主何必心急，同老衲到院中撿一片淨葉，你就可知自己的未來了。」

釋濟帶年輕人走到殿旁一條穿寺而過的小溪邊，順手從樹上摘一枚菩提葉，又吩咐一個小和尚：「去取一桶一瓢來。」小和尚很快就提來了一個木桶和一個葫蘆瓢交給了釋濟大師。

大師手拈樹葉對年輕人說：「施主不惹是非，遠離紅塵，就像我手中的這一淨葉。」說著將那一枚葉子丟進桶中，又指著那桶說：「可如今施主慘遭誹謗、詆毀，深陷塵世苦井，是否就如這枚淨葉深陷桶底呢？」

年輕人嘆口氣，點點頭說：「我就是桶底這枚樹葉呀。」

釋濟大師將水桶放到溪邊的一塊岩石上，彎腰從溪裡舀起一瓢水說：「這是對施主的一句誹謗，企圖是打沉你。」說著就嘩地一聲將那瓢水澆到桶中的樹葉上，樹葉激烈地在桶中蕩了又蕩，便靜靜漂在了水面上。

釋濟大師又彎腰舀起一瓢水說：「這是庸人對你的一句惡語誹謗，企圖還是要打沉你。但施主請看這又會怎樣呢？」說著又嘩地倒下一瓢水澆到桶中的樹葉上，但樹葉晃了晃，還是漂在了桶中的水面上。

年輕人看了看桶裡的水，又看了看水面上浮著的那枚樹葉說：「樹葉秋毫無損，只是桶裡的水深了，而樹葉隨水位上升，離桶口越來越近了。」

釋濟大師聽了，微笑著點點頭，又舀起一瓢瓢的水澆到樹葉上說：「流言是無法擊沉一枚淨葉的，淨葉抖掉澆在它身上的一句句蜚語、一句句誹謗，不僅未沉入水底，反而隨著誹謗和蜚語的增多，使自己漸漸漂升，一步一步遠離淵底。」釋濟大師邊說邊往桶中倒水，桶裡的水不知不覺就滿了，那枚菩提樹葉也終於浮到了桶面上。翠綠的葉子，像一葉小舟，在水面上輕輕地蕩漾著、晃動著。釋濟大師望著樹葉感歎：「若是再來一些蜚語和誹謗就更妙了。」

年輕人聽了，不解地望著釋濟大師說：「大師為何如此說呢？」

釋濟笑了笑，又舀起兩瓢水澆到桶中的樹葉上。桶水四溢，那片樹葉也跟著溢了出來，漂到桶下的溪流裡，然後就隨著溪水悠悠地漂走了。

釋濟大師說：「太多的流言蜚語，終於幫這枚淨葉跳出了陷阱，讓它漂向遠方的大河、大江、大海，使它擁有更廣闊的世界了。」

年輕人驀然明白了，高興地對釋濟大師說：「大師，我明白了！一枚淨葉是永遠不會沉入水底的，流言蜚語、誹謗和詆毀，只會把純淨的心靈淘洗得更加純淨。」

釋濟大師欣慰地笑了。

淨葉不沉，純淨的心靈又有什麼能把它擊沉呢？即使把蓮籽埋入污泥深掩的塘底，它也會綻出一朵美麗而潔淨的蓮花。

心靈的棉被

用心靈給世界溫暖，世界就會為我們綻開溫馨的花朵。

一個小和尚沮喪地對住持說：「我們這一寺兩僧的小廟，如果想變得如您所說的廟宇千間，鐘聲不絕，香客如流，幾乎不大可能。」

披著袈裟的老僧只是閉著眼睛靜靜聽著，卻一聲不語。

小和尚又繼續說：「每次下山去化緣，說起我們菩提寺，很多人都搖頭說不知道這間寺廟，施捨給我們的香燭錢往往也少得不值一提。化緣得來這麼少，什麼時候我們的菩提寺才能變成大剎名寺呢……」

披著袈裟默默誦經的老僧沉默了一會兒，終於睜開眼睛問小和尚：「這北風吹得真厲害，外邊冰天雪地的，你冷不冷？」

小和尚渾身打哆嗦地說：「我早就凍得雙腿都麻木了。」

老僧說：「那我們不如早些睡覺好了。」

老僧端著燭燈走到榻前，摸著冰冷的棉被問小和尚：「棉被這麼涼，不過睡一覺也就暖和了。」一老一少兩僧熄燈鑽進冰涼的棉被。

過了一個時辰，老僧忽然問躺在被窩裡睡意朦朧的小和尚：「現在你的被窩裡暖和了嗎？」

小和尚說：「當然暖和，就像睡在陽春暖融融的陽光下一樣。」

老僧說：「棉被放在床上十天半月依舊是冰涼的，可是人一躺進去，不久被窩裡就變得暖烘烘的。你說是棉被把人暖了，還是人把棉被暖了？」

小和尚一聽，笑著說：「您真糊塗呀，棉被怎麼能把人暖熱，是人把棉被暖熱的。」

老僧說：「既然棉被給不了我們溫暖，反而要靠我們用身體去暖它，那我們還蓋棉被做什麼？光著身子睡，體溫不用浪費在暖被子上，身體不就更暖和了？」

小和尚想了想說：「雖然棉被不能給我們溫暖，可是厚厚的棉被卻可以保存溫度，讓我們在暖烘烘的被窩裡舒舒服服地睡覺啊。」

黑暗中，老僧會心地一笑：「我們撞鐘誦經的僧人，何嘗不是躺在厚棉被下的人？而那些芸芸眾生們，又何嘗不是厚厚的棉被呢？只要一心向善向佛，冰冷的棉被就會被我們暖熱。而芸芸眾生的棉被保存著我們的溫暖，這大千世界，不就暖烘烘的，如同我們的被窩這樣舒服了嗎？那我們還會有什麼金殿金宇的夢不敢做呢？」

小和尚一聽，驀然明白了。

其實，誰不是睡在大千世界棉被裡的人呢？我們用心靈的火熱，去溫暖這個世界，世界就為我們永駐了一個暖陽微風的春天。

用心靈給世界以溫暖，世界就會為我們綻開溫馨的花朵。

滴水藏禪

一葉知秋，滴水藏海。不知滴露深邃，又怎麼能知道海的博大呢？

一個年輕人到寺裡剃度參禪，但每次寺裡的大師釋禪時，別人都全神貫注地聆聽，只有他不是昏昏入睡，就是心不在焉地左顧右盼。

大師發覺了，把他喚入禪房。

大師說：「年輕人，你特地剃度到寺裡來參禪，可每次釋禪時，你怎麼總是呼呼大睡呢？」

年輕人說：「大師，因為感到禪意高深精妙，才到寺裡來聽您和諸位大師釋禪。可是我聽了這麼長時間，一直沒有發現禪有多麼精妙，只不過是一些小道理，聽與不聽沒什麼關係。聽一次，不過是覺悟了一個小道理；不聽，也不過是少懂得一個小道理而已。」

大師聽了，撚鬚一笑說：「寺院前的荷塘裡已經沒水了，從明天開始，你每天挑一擔水到荷塘裡吧。」

從此，年輕人每天都往荷塘裡注入一擔水。不知不覺地，一個月過去了，兩個月過去了，半年過去了，原來乾涸的寺前荷塘，早成了一個碧綠幽深的大潭。

大師又把年輕人喚到禪房裡問：「年輕人，你現在站在塘邊，能一眼看到潭底是什麼樣子嗎？」

年輕人聽了，馬上搖頭回答說：「荷塘裡的水那麼深，我怎能看到塘底的樣子呢？」

大師說：「從明天開始，你不用再挑水了。你要黎明起床，趕在露珠沒被太陽曬乾之前到寺後的林地裡，從樹葉和草葉上收集露珠。待兩個水桶採滿了瓊露，你再來見老僧吧。」

年輕人第二天開始就聞雞即起，挑著水桶到寺後的林子裡去一顆一顆地收集露珠，忙碌了大半年，才終於把兩個桶盛得滿滿的。於是，他挑著兩大桶露珠到禪房裡見大師。

大師一見，撚鬚一笑問：「你在林子裡收集露珠這麼長時間，你能告訴老僧露珠澄明嗎？」

年輕人說：「當然澄明，透過露珠看東西，澄明得就像沒有露珠一樣。」

大師又指著水桶說：「這桶裡的水，是你一顆一顆露珠採滿的，你能透過這水看清桶底裡有些什麼嗎？」

年輕人說：「我能看清，但遠沒有透過一顆露珠看得清楚。」

大師又說：「寺前荷塘裡的水是你一擔一擔挑滿的，可滿滿一塘的水你就看不透了。佛說一花一菩提，一葉一世界。這塵世的一人一事，何嘗不是一顆顆露珠呢？而芸芸眾生和淵博的道理，又何嘗不是滿滿的一塘深水呢？小道理你明白了，而許多小道理匯聚成的大道理你就看不清楚了。人知小道理，才能明白大道理；知大道理，才知清濁，知清濁才能明善惡，明善惡才能修佛性。」

一葉知秋，滴水藏海。不知滴露深遂，又怎能知道海的博大呢？

輕囊行遠

輕囊才能讓一個人走遠，心淨才能讓一個人行久。

一個小和尚要出門遠遊，但日期一推再推，已經過了半年，還遲遲不肯動身。

方丈把他叫去問：「你要出門雲遊，為什麼還不動身呢？」

小和尚憂愁地說：「我這次雲遊，不知要走幾萬里路，淌幾千條河，翻幾百座山，經多少場風雨。所以，我需要好好地準備準備啊。」

方丈聽罷，沉吟了一會兒，點點頭說：「是啊，這麼遠的路，是需要好好地準備準備。」他又問小和尚，「你的芒鞋備足了嗎？一去萬里，遠路迢迢，鞋不備足怎麼行呢？」方丈吩咐寺裡的僧人，每人幫小和尚準備十雙芒鞋，一會兒就送到禪房裡來。

不一會兒，寺裡的僧人紛紛送鞋來了。每人十雙，上百位僧人，很快就送來了上千雙芒鞋，堆在那裡，像小山似的。方丈又吩咐大家說：「你們師弟遠行，一路要經不知多少場風雨，大家每人要替他準備一把傘來。」

不一會兒，寺裡的僧人便送來了上百把傘，堆放在方丈和小和尚的面前。看著那堆得小山似的芒鞋，還有一大堆雨傘，小和尚不解地說：「方丈，徒兒一人外出雲遊，這麼多的東西，別說是幾萬里，就是寸步，徒兒也移不動啊！」

方丈微微一笑說：「別急，準備得還不算足呢。你這一去，山萬重，水千條，走到河邊，沒船又如何能到彼岸呢？一會兒老衲就吩咐眾人，每人替你打造一條船來。」

小和尚一聽，慌忙跪下迭聲地說：「方丈，徒弟知道您的用心了，徒兒明白了，現在徒兒就上路！」

方丈會心一笑：「一個人上路遠遊，一鞋一缽足矣。東西太多，就走不動了。人生一世，不也是一次雲遊嗎？心裡裝的東西太多，又如何能走得遠呢？輕囊方能致遠，淨心方能行久啊。」

小和尚一聽，心裡慚愧極了。第二天，天剛濛濛亮，他便手托一缽立刻上路了。

輕囊才能讓一個人走遠，心淨才能讓一個人行久。誰見過一隻拖著蝸殼行走幾萬里的蝸牛？誰又見過一根飄飛不動的輕盈羽毛呢？

除野草

讓荒地變成清淨之地的最好辦法，就是把它變成一片美麗的田園。

一群年輕僧人就要雲遊天下，到塵世中宣佛悟禪了。臨行前，長老帶他們到寺後一片長滿萋萋青草的荒地上盤腿打坐。長老指著長滿荒草、荊棘的荒地問：「如果我們想讓這片荒地清淨一些，該怎麼辦？」

一個年輕僧人說：「那好辦，將草拔掉不就行了嗎？」

長老說：「可是不久它們還會長起來。」

另一個僧人說：「將這草一棵一棵連根拔出來。」

長老閉著眼搖了搖頭。

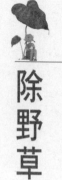

又一個年輕僧人說：「用火燒怎麼樣？」

長老還是搖了搖頭。

另一個年輕僧人說：「用石灰將這裡的土拌一拌總行了吧？」

老長聽了，還是不滿意地搖了搖頭。

長老說：「如今，大家要到喧囂塵世中去宣佛參禪，不久大家一定能悟出很多大道理。怎樣才能使這塊地清淨，這個答案，還是等五年後大家雲遊回來再回答吧。」

於是，年輕僧人紛紛離寺托缽雲遊去了。

五年後，這群年輕僧人從五湖四海結束雲遊回到了寺裡。長老笑著問：「大家雲遊萬里悟禪無數，現在總該告訴我怎樣把荒草野地變成清淨之地了吧？」

這群年輕僧人你看我，我看你，沉默了很久，誰都說不出一個好辦法來。

長老見了，微微一笑說：「我已經把那塊荒草萋萋的野地變成清淨之地了。現在，我就帶大家去看一看。」說著，便領著眾人走向寺後那塊荒地。

到那裡一看，大家都愣了，原來荒地已經不見了，沒有了萋萋野草，也沒有了張牙舞爪的一叢叢荊棘。那裡，早已是綠油油的一大片青翠玉米林了。一棵棵玉米剛剛吐纓，又寬又綠的葉子像一片片綠絲綢般，在風中飄揚，像片綠色的海洋，築起了一道屏障。

長老笑著說：「這就是讓荒地變成清淨之地的最好辦法，把它變成一片美麗的田園！」

把荒地變成田園是根除野草的最好辦法。那麼，怎樣拔除我們心地上的雜草呢？最好的辦法就是在自己的心靈上撒播愛和美德的種子，使心靈成為一塊善的田園。

讓心靈變成美德的田園，心靈就沒有了雜草的位置，一個人就變得無私而高貴了。

2

路，在沒路的地方

讓自己的生命走一條與眾不同的旅程。只有不甘於寂寞的生活，才有非同凡響的人生！

把石塊放在哪裡

莫測的人生中，每個人都會遭遇許多大石塊，是讓它成為負擔，還是讓它成為向上的台階，關鍵在於我們把它放在人生的什麼地方。

一對丹麥小兄弟，他們很不幸。很早的時候，媽媽就因為生病離開了這個世界，他們只有和父親相依為命。但父親卻是一個既嗜賭又吸毒的人，他根本不管這兩個小兄弟的生活，不是躲在賭場裡幾天幾夜不回家，就是把錢全買毒品，躺在家裡不分晝夜地吞雲吐霧。不然就是喝得爛醉如泥回到家裡摔桌砸碗，把兩個孩子嚇得縮在牆角裡哆嗦個不停。只要值點錢的東西，父親全都變賣了，換成賭博和吸食毒品的資金。後來，家裡的一切全部賣空了，父親為了吸毒，竟趁夜裡去偷竊和搶劫，很快就落入法網，被送到哥本哈根附近的一座監獄裡。

父親入獄後，這兩個小兄弟成了無依無靠的孤兒。他們先是行乞，稍稍大了一點後，他們開始在城鎮間收集廢紙和撿拾垃圾。他們流浪著，餓了，就討一些東西填飽肚子，睏了，就蜷縮在村莊或城鎮的牆角裡睡覺。

收集廢紙和撿拾垃圾可以給他們帶來一些微薄的收入。每次把廢紙賣成錢後，哥哥便會找一家餐館好好地大吃大喝一頓，或者到街頭的地下賭場去賭一把。而弟弟呢，則十分珍惜這得來不易的每一先令，他把它們用蠟油紙一層層細細包好，然後藏起來。後來，他賺的錢多了，就把錢交給一所貧民學校作為自己的學費，以便每個禮拜可以去讀三天的書，和許多孩子一起聽老師講課，跟老師學唱一些歌曲。

哥哥十二歲的時候，由於長期在街頭賭場耳濡目染，他已學會了喝酒、吸毒、罵人和打架，並很快成了街頭一群小混混的小頭目。他們聚在一起吐雲吞霧地商量著要如何偷竊，有時還結伴鬥毆、打架，鬧得雞犬不寧。而弟弟則更愛讀書了，他每個禮拜利用兩個白天和夜晚去餐館、旅館、港口打雜工，其餘的時間都待在學校或圖書館裡。他開始寫詩和短文投稿到報紙或雜誌社，他做夢都期盼著有一天能成為人們敬仰的詩人或作家。

十年過去了，早已分道揚鑣的兩個小兄弟都成了二十多歲的青年。不同的是，哥哥因為一次街頭打架將人刺死而被關進戒備森嚴的監獄。而弟弟則大學畢業了，並且因為發表過大批出色的詩作和小說，成了丹麥家喻戶曉的詩人作家。

二〇〇四年聖誕節前，一家報社的記者根據別人提供的採訪線索，到監獄去採訪那個臭名昭彰正在服刑的哥哥。記者問神情沮喪的他：「關於你父親的劣跡我們已經全部知道了，你走到今天這個地步是不是跟你父親留下的不良影響有關呢？」

哥哥十分肯定地說：「是的，我父親的劣行就像一塊沉重的石塊，重重地壓在我的心上，以致使我重蹈了他的覆轍。」

採訪完哥哥，記者馬上又去採訪已經成為知名作家的弟弟。記者問：「對於你的父親，你哥哥認為他是一塊重重的石塊，因為他才使你的哥哥走進了監牢。而你能夠擁有今天的成就，是不是也受過你父親的影響呢？」

弟弟也十分肯定地說：「是的，我肯定是受到父親的影響。」

記者不解地問：「同樣深受了父親的影響，那麼你哥哥為什麼成了臭名昭彰的罪犯，而你卻成了一個令人敬仰的詩人作家呢？」

弟弟說：「對於我和哥哥來說，父親同樣是壓在我們心靈上的沉重石塊。但不同的是，哥哥始終把這塊石塊壓在人生的脊背上，而我卻把它放在腳下，成了我向上的台階。」

石塊放在背上就成了負擔，但如果能把它放在腳下，就會成為向上的台階。莫測的人生中每個人都會遭遇許多大石塊，是讓它成為負擔，還是讓它成為向上的台階，關鍵在於我們把它放在自己人生的什麼地方。

你是一個富翁

如果你能握著一個人的手，擁抱他，或者只是在他的肩膀上拍一下……你的確有福氣──因為你所做的，已經等同上帝才能做到的。

有一個朋友失業了，生活過得十分艱難。有一天，他去拜訪一位自己一直十分敬仰的老師，痛哭著向老師傾訴人生的不如意和生活的種種艱難。

他哭泣著說：「我太窮了，幾乎窮得一無所有，我這樣貧窮地生活著還有什麼意思呢？真想離開這個世界啊！」

德高望重的老師默默聽完他的哭訴，什麼也不說，站起來從一本書裡找出一張紙條遞給他說：「看過這個紙條，你便知道你是不是真的很貧窮了。」

他擦擦眼淚，接過那張紙條，打開身旁的檯燈，默默地看起來，那張紙條上寫著：

如果早上醒來，你發現自己還能自由呼吸，你就比在這一周離開人世的一百萬人更有福氣。

如果你從未經歷過戰爭的危險、被囚禁的孤寂、受折磨的痛苦和忍饑挨餓的難受……你已經好過世界上五億人。

如果你的冰箱裡有食物，身上有足夠的衣服，有屋棲身，你已經比世界上百分之七十的人更富足。

如果你銀行戶頭有存款，錢包裡有現金，你已經身居世界上最富有的前百分之八十之列。

如果你的雙親仍然在世，並且沒有分居或離婚，你已屬於稀少的一群。

如果你能抬起頭，帶著笑容，內心充滿感恩的心情，你是真的幸福——因為世界上大部分的人都可以這樣做，但是，他們沒有。

如果你能握著一個人的手，擁抱他，或者只是在他的肩膀上拍一下……你的確有福氣——因為你所做的，已經等同上帝才能做到的。

如果你能讀到這段文字，那麼，你更是擁有雙份的福氣，你比二十億不能閱讀的人更幸福。

這個朋友讀完，靜靜思忖了一會兒，揉了揉眼說：「我現在還在呼吸著，我已經比那一百萬人幸運和富有了，因為我還有生命。」老師笑了。

朋友又說：「我現在雖然失業了，但我從未經歷過戰爭的危險，也從未被囚禁過，我是自由的。我擁有自由的生活，已經比世界上至少五億人富有了。」老師又笑了。

老師說：「可能你銀行裡沒有任何存款，但你有衣服穿，一日三餐有飯吃，有房屋住，你已經比這世界上百分之七十的人更富有了。」

朋友嘆了口氣笑了笑：「我現在已經讀完了這段文字，我又比另外那二十億不能閱讀的人富有多了。」老師聽了，開心地笑了。

朋友對老師說：「老師，你能將這張紙條贈送給我嗎？」老師笑著點點頭答應了。

朋友高興地說：「我現在知道自己是個富翁，我比世界上不知多少的人更幸福了！」

朋友把這段故事說給我聽，並將這張紙條拿給我看。我也十分地高興，因為看了這張紙條才明白，其實我也是一個富翁。

你也是個富翁，只是你不知道，或是你只記得拿自己跟別人做比較。你有房屋棲身，但卻老跟別人的豪華別墅比較；你一日三餐衣食無憂，但卻老看著別人的豪華酒宴……

人生的不滿

不滿是一種心靈的活力，是一種進取的動力。有了不滿，才有對圓滿的不懈進取；有了不滿，才會讓我們鍥而不捨的永遠奮鬥。

古埃及有個國王，在王后替他生了一個漂亮又聰明的王子之後，國王欣喜若狂，舉國上下也一片歡騰。小王子洗禮的那天，東方來了十二個天使向他祝賀。這十二個天使每人都帶著一件珍貴的禮物。

第一個天使走上殿來，唱罷誦詩，對國王說：「尊敬的陛下，我獻的賀禮叫智慧，擁有了智慧，小王子的一生將不會被任何事情所阻撓，遇山能開道，遇河能架橋，一生通達，沒有憂愁和煩惱。」國王一聽，頓時眉開眼笑，高興地收下了。

第二個天使走上殿來，唱罷誦詩，對國王說：「尊敬的陛下，我獻的賀禮叫財富，擁有了財富，小王子的一生將富甲四海，會有用不完的黃金寶石和數不盡的奇珍異寶。」國王一聽，頓時喜上眉梢，也高高興興地收下了。

第三個天使獻上的是力量，第四個天使獻上的是珍貴，第五個天使獻上的是英俊，第六個天使獻上的是情感，第七個天使獻上的是健康，第八個天使獻上的是愛情，第九個天使獻上的是關懷，第十個天使獻上的是朋友，第十一個天使獻上的是善良。國王都高興地一一收下了。

這時，最後一個天使滿臉含笑地走進了殿堂，國王興奮地說：「你是最後一個進獻賀禮的天使，我相信你帶的禮物一定是最珍貴的。」

天使聽了，微笑回答說：「是的，尊敬的陛下，我帶的禮物可能是最有價值的。」

國王迫不及待地吩咐天使：「請你馬上讓我看看你帶的禮物吧！」

天使高興地取出禮物，但國王一看馬上沉下臉來。原來這第十二位天使的禮物竟是「不滿」。

國王生氣地責備這位天使：「『不滿』怎麼能算是禮物呢？我的小王子將來登上王位，權傾天下，富甲四海。他想要什麼，只要是這個世界上有的，他都可以得到；他喜歡什麼，只要是這個世界上可以找到的，我們都可以滿足他，他還會有什麼不滿呢？」國王毫不客氣地拒絕了這個叫「不滿」的禮物。

後來小王子長大了。就像老國王期望的那樣，他穿上王袍做了國王。他英俊、善良，擁有美滿的愛情，體格也十分地健壯。但他整天沉醉在美酒笙歌中，不問國事，也不理睬政務。大臣們勸他，他說：「天下這麼太平，我已經十分滿足了，為什麼還要勞心費神呢？」

他對一切都十分滿足，從來沒有過因為不滿而產生的雄心大志，也沒有過因為不滿而產生的遠大抱負。沒幾年，國事就荒廢了，大臣們也一個一個變得不思進取得過且過了。又過沒幾年，他的國家被一個弱小的鄰國不費吹灰之力完全吞併。

直到他坐在囚車裡，準備流放到荒蕪的邊陲之地時，他都還沒弄明白，這一切，其實都是因為父親替他拒絕了那個叫「不滿」的珍貴禮物啊！

不滿是一種心靈的活力，是一種進取的動力。有了不滿，才有對圓滿的不懈進取；有了不滿，才會讓我們鍥而不捨的永遠奮鬥。不滿，正是人生的永恆起跑線……

不滿，是人生最珍貴的禮物。

換一種思維

同樣的條件，同樣的機遇，不同的思考方式就會有兩種不同的結果。

兩家鞋業公司分別派了兩個業務員到海外去開拓產品市場。一天，這兩位業務員在南太平洋某個島國相遇了。到達當日，他倆都大吃一驚，因為無論在街頭、田園，甚至國王金碧輝煌的皇宮裡，都沒有發現一個穿著鞋子的人。這裡的人全都赤足，就連雍容華貴的美麗王后都是赤著一雙腳，拖著長裙在王宮的後殿裡走來走去。

他們詢問當地的人為什麼不穿鞋子，沒人理睬他們。偶爾遇到友善一點的，他倆又比又說的，費了半天口舌，那些人也弄不明白什麼是鞋子，穿鞋子有什麼用。

當晚，其中一位業務員便沮喪地向總部發了一封電報：「這裡的人從不穿鞋子，他們甚至不知道鞋子有什麼用，誰還會買鞋子呢？我明天立即回去。」

而另一個業務員也在當晚發了一封電報給總部：「上帝啊，我找到了一大筆買賣。這裡的人都缺了一雙鞋子，市場前景廣闊。我決定長期駐紮在這裡，至少賣一雙鞋給每個人！」

幾年後，兩個業務員又在這個南太平洋島國上相遇了。不同的是，沒有在這裡推銷鞋子的業務員至今還是個一文不名的業務員；而長期駐紮的業務員，早已因為賣鞋而成為億萬富翁了。

那個業務員十分不解地問億萬富翁：「我們過去一樣是推銷鞋子的，為什麼我還只是個一般業務員，而你卻搖身變成億萬富翁了？」

富翁笑著說：「當時我和你差不多同時到達這個島上，我們的機遇可說是相同的。但因為思維的不同，你把機遇看成了困難，而我卻牢牢把握住困難似的機遇，所以我今天身價過億，而你依舊一無所有。」

同樣的條件，同樣的機遇，不同的思考方式就會有兩種不同的結果。許多時候，我們常常敗於自己的思維。

生命的樂趣

僅僅生活，並不是人生的唯一目的。

傢俱公司的老闆急需兩個技藝高超的木匠。有人向他推薦，離這裡三百餘里的鄉下，有個不太起眼的木匠鋪子，那裡有兩個身懷絕技的木匠，如果能把那兩個老木匠找來，老闆的傢俱廠就如虎添翼了。

老闆一聽十分高興，派了一位主管乘車到鄉下找到那兩個老木匠：「聽說二位技藝超群，在這個小鋪子裡做事，每月能拿到多少錢呢？」

兩位木匠說：「我們每月可拿到五百元。」

主管一聽笑了，鼓勵他們說：「你們到城裡去做木工，每月最少可領到一千元，去不去？」

這個人滿心以為兩位老木匠肯定會答應，畢竟多了一倍的薪水呢！並且在這樣貧窮的鄉下，每月多出五百元可是個不小的數字呢。但他怎麼也沒想到，兩個老木匠瞇著眼望了望鋪前一望無際的碧綠麥田問：「城裡能看到這麼綠的麥田嗎？」

主管覺得這兩個老頭挺可笑，就告訴他們說：「城裡燈紅酒綠，有高樓大廈，但就是沒有麥田。」

「沒麥田呀？」一個老木匠說，「那我們就不去了。」

主管很納悶，去不去城裡工作跟麥田有什麼關係呢？他想來想去怎麼也想不明白，於是請教那兩位老先生。

其中一位告訴他：「我們倆雖說會做木工，可是我們的本業畢竟是農夫啊。農忙時下田忙莊稼，農閒時做幾件傢俱木器，莊稼活兒、木器活兒兩不誤，這種日子過起來踏實。再說，我們邊看麥田邊做木器，已經這樣過大半輩子了，到城裡每月雖然多五百元，但就是多給一千元，能天天看到這春種秋收的鄉下好風景嗎？」

主管無奈，只好苦笑著回到城裡告訴老闆。老闆也覺得兩位老先生挺可笑，但為了能讓傢俱廠迅速發展，老闆決定親自到鄉下來。他信誓旦旦地向老木匠許願：「如果兩位師傅覺得薪水少，那我可以再加！」

兩個老木匠還是搖著頭輕笑不語。

老闆最後急了，拉開公事包拿出兩張合約訂單在老木匠眼前晃著說：「你們怕我給你們這麼高的薪水，反而工作做不長久是不是？瞧，這些都是合約訂單。就同一種傢俱，咱們三年兩年都做不完。」

「啥？一種傢俱，一做就是三年兩年啊？」一個老先生大驚。

老闆點點頭說：「對，就一種傢俱，就夠咱們做上三年五年了。」

另一個老先生說：「那咱倆就更不會去啦，一種傢俱就需要泡三五年，那真煩死人了！」

老闆一聽實在不解，這兩個老頭兒到底是怎麼想的呢？

看著納悶不已的老闆，一位老先生終於開口解釋：「要是只做同一種傢俱，那有什麼意思呢？我們之所以這把年紀還在做木匠，做得方圓鄉親都知道，就是因為我們一輩子都在忙著設計新樣式。」

另一位接著說：「一個人如果好幾年都把自己泡在同一件事情上，那還有什麼樂趣呢？」

麥田風景、不重複做五件以上同樣樣式的傢俱……老闆終於明白，這兩個老頭兒是怎麼也請不到城裡去的。

是的，除了生活是必須的，人生還有許許多多我們必須的東西，譬如創新、探索、好奇、夢想等等。因為，僅僅生活，並不是人生的唯一目的。

後退的哲學

急流勇退，退有時也是一種勇敢，退有時也是人生進取的謀略和方式。

曾經有朋友出了一道題目考我：「世上三百六十行，有哪一行是常常以退為進的？」想了好多年，一直沒有想出來。

直到偶然經過一家正在修建的停車場，見一群工人正彎腰在鋪停車場的地面。每鋪好一片，用抹子抹平後，就向後退一步。前方已經鋪了很大一片平坦水泥地面了。站在路邊，遠遠地望著忙碌的工人，心想：假若他們一步一步地向前抹，那麼身後就會留下永遠也抹不平的腳印，面對著自己的成績一步步後退，那是對成績的虔誠敬畏啊！

後來，曾到一座寺廟去拜佛。廟裡的和尚擊罷木魚、鐘磬後，雙手合十，低低地彎著腰，從蓮花台前一步一步地後退，直到退至大殿的門檻，才緩緩地轉身不聲不響地離去。和廟裡的禪師夜晚坐在樹下品茗賞月，問起僧人做完法事一步一步趨後的事情。

禪師笑著說：「世上芸芸眾生，有誰不知蓮花台上的佛像是用泥和碎草塑起來的，寺裡的僧人每日替佛像佛殿淨塵，就更知道這些了。僧人要教化眾生，普渡眾生，若在佛像前有絲毫不敬，那些香客還會對佛心生敬畏嗎？僧人在佛前一步一步後退躬行，是為了引渡更多的心，向佛躬身靠近啊！」

老禪師又笑了笑，「佛無進退。進亦是動，退亦是動，只求心動。」

幾年後，我經過鄉村，恰是插秧時節，一群農人赤腳捲袖在明鏡般的水田裡忙碌。見他們躬身彎腰，每插一叢秧，便後退一步，再插一叢又後退數步，他的面前便留下了一行行青青的禾苗。

閒問壟上歇息的老農，老農笑說：「插秧就是要邊插邊退，若邊往前走邊插，那秧苗不就被踩得東倒西歪，怎麼能成行呢？」

原來這世界上以退為進的行業遠不止一個呢！急流勇退，退有時也是一種勇敢，是人生進取的謀略和方式。

開花的心

不論你的位置多麼低，也無論現在如何卑微，只要有夢想，有一顆堅定想開花的心，那麼就一定會擁有人生的果實。

那時我們還在山裡讀中學，那是一所破爛簡陋的學校，老師也都是鎮上的人。許多老師並沒有真正的學歷，只是可以讀懂教科書而已，因此教學十分吃力。每次大考，我們學校的排名都在最後。

我們很沮喪，覺得反正大家都會跟以前從這裡畢業的人一樣，一畢業就回到家裡幫忙種田、打柴、放牛、牧羊；最多就是學點做木工、編竹器的手藝，或者到處去替別人砌牆、蓋房屋。

因此，老師雖然十分吃力地教，我們還是十分懶散地學。每到割麥或秋收時，只要家裡忙碌起來，即使學校沒有放假，我們也不會去上學，跟著家人在山間地頭忙碌。

學校對我們這些三天打魚兩天曬網的學生很頭疼。管得太鬆不行，但萬一逼得太緊，許多學生乾脆主動退學。那年秋天，又到忙碌的季節。我們像往常一樣，開始曠課不到學校去，老師很焦急，但卻一點辦法也沒有。

頭髮斑白的老校長想了兩天，決定請同學們互相傳信，要求全校同學晚上到學校去開會。在煤燈飄忽的大教室裡，老校長平靜地望著我們說：「你們整天在田間地頭跑，在澗谷林子裡忙，誰知道哪一種花開得最晚？」

我們都歪著小腦袋想，想了一會兒，有人站起來回答：「是石榴，它到五月才開花呢。」

有人說：「不對，是山上的野雞翎，它到初秋時才開花。」

很快就又有人反駁說：「不對，是野菊花，霜濃時它還開著呢。」

老校長聽了，都否定地搖了搖頭說：「不對，應該是山裡紅，它的花直到落雪時才開呢。」

我們想了又想，覺得老校長說得很正確，確實是山裡紅。那是一種很笨很笨的植物，春天時，當滿山遍野的樹木和籐蔓早已綠意盎然，山裡紅還像個沒睡醒的孩子，矮矮蓬蓬的枝上連一個芽苞都沒有，就像一堆亂七八糟的枯枝，彷彿永遠都不會醒來了。

一直等到暮夏時，它才懶洋洋地吐出了一簇一簇細細碎碎又稀稀疏疏的嫩葉。別的花早謝了，甚至果實已經成熟時，山裡紅的枝條上才萌出一串串米粒似的淡淡花芽。當初雪飛舞時，那些淺淺的、米粒大小的黃花才和雪花一起開放。它姍姍來遲，開得那麼晚，以致於許多人都以為它不會開花呢。

老校長輕輕地笑了笑說：「山裡紅的芽吐得那麼晚，花開得那麼遲，你們知道它會結果嗎？」

我們馬上七嘴八舌地回答說：「山裡紅怎麼會沒有果實呢？它的果粒像豆子般大小，紅紅，密密的，像一把一把的紅瑪瑙，晶瑩剔透，漂亮極了。」我們說，「那是山裡唯一一種冬天也不落果的植物呢！它一串串紅紅的果實直到第二年春天才會掉落。你們知道嗎，城裡人來到我們山裡選盆景，他們選的都是山裡紅。他們說山裡紅的果實紅紅的，過春節時都還沒落，擺在家裡好看極了，很受那些城裡人的歡迎和偏愛呢。」

老校長笑了，他緩緩地站起來，大聲說：「孩子們，山裡紅春天沒開花，夏天沒開花，秋天沒開花，直到冬天風那麼冷、雪那麼大它卻開花了。冬天不是開花的季節呀，可它卻開了，在寒風裡開了，在冷雪中開了，那是它始終有一顆開花的心啊！」

老校長頓了頓又說：「雖然它的花開得那麼晚，但開了，它就能有自己的果實。不管寒風是如何的冷，不管雪是多麼的大，只要有一顆開花的心，只要它開花，那麼，大地就一定會賦予它果實！」

回味著老校長的話，我們全都沉默了。是呀，只要有一顆開花的心，那麼，不論多久、多難，大自然都一定會賜予它屬於自己的果實，大自然從不會辜負任何一種打定主意要開花的植物。

第二天，所有的同學都回到了教室裡，一個也不少。現在，我們之中有許多人都坐在遠離深山故鄉的城市裡，有了自己的天地和別人欣賞的掌聲。但我們始終記著老校長的話，記著那和雪花一起姍姍綻放的山裡紅。

我們始終知道，不論你的位置多麼低，也無論自己現在如何卑微，但只要有夢想，有一顆堅定要開花的心，那麼就一定會擁有自己人生的果實。

只要擁有一顆開花的心，就一定能結出屬於自己的果實。

人生的劣勢

這世界上，生命的幸運不一定就是人生的幸運；而生命的不幸卻可能是人生的幸運。生命的劣勢，恰恰是我們人生的優勢！

一個年輕的僧人，在路上遇見一個老人。老人的腿十分不方便，走起路來一跛一跛的，但老人很快樂，邊走邊唱著，那條吃力的腿走起來噼啪作響，像替自己打著節拍似的。

僧人很不明白，像老人這樣腿跛得如此厲害的人，他雲遊四海見過不計其數，但他們不是苦愁著臉，嘴角掛滿了憂傷的嘆息，就是拄著枴杖背著一隻破爛的竹籃沿街乞討，開口就苦苦淒涼，一副失魂落魄讓人憐憫又同情的樣子。僧人十分不解，面前的這個跛老人，比許多殘廢的人更殘廢了許多，但他為什麼如此快樂呢？

僧人不解地問老人，老人一聽就笑了：「我有什麼值得不快樂的呢？只不過腿比別人短了一截而已，而比別人短這截，恰恰是我最快樂的原因呀！」

因為殘廢而快樂？僧人更不解了。

老人笑呵呵地說：「我天生因為腿跛，所以很小的時候，父母和鄰居便只會不停地要求我的哥哥弟弟做這做那，對我卻百般呵護，使我享受到了哥哥弟弟們分享不到的父母溺愛。及至長大成人，我的哥哥弟弟們被生活逼得東奔西跑，終日為生計所困。而我呢，因為腿跛，沒人對我有什麼期望，也沒有太大的壓力。」

老人頓了頓又說：「別人建了一座房屋沒什麼，而我建起一座房，人們就常常指著我的房子說：『瞧瞧吧，那房子是一個跛子建起來的。』我們村裡許多人在荒郊野嶺上開墾了許多地，有的開墾了五六畝，有的開墾了三四畝，可是都沒人注意，而我僅僅開墾了一畝多地，就常常有人指著我開墾的地訓誡兒孫說：『瞧瞧，那是一個跛子開墾的，他行動如此不方便，竟然還開墾出那一塊地。』」

老人得意地笑著說：「有人建了屋舍百座，卻沒有人注意過他；有人開墾了良田千畝，卻沒有人會記住他。而我呢，蓋起了一間瓦屋，人們就聽說了；開墾了一畝薄田，人們便牢牢記住了我。這不都因為我這一條跛腿僅僅比別人短了那麼一點點嗎？腿跛腿短，使我輕易得到許多人苦苦奮鬥卻始終望塵莫及的讚美；腿跛，是我身體的劣勢，卻是我生命的優勢啊！」

老人指著濕漉漉的山路問僧人：「這條路經常有許多人魚貫而過，他們曾經在這路上留下許許多多的腳印。可是現在，你找得到一個他們的腳印嗎？」僧人低頭看了看，濕漉漉的山路上，根本找不出一個清晰的腳印來，只有半行腳印深深地烙在山路上。

老人得意地說：「許多人在這路上走，但因為他們雙腳有力平衡，所以連一個深的腳印都沒能留下。而我呢，因為腿跛，雙腳施力不平衡，所以就留下半行深深的腳印。能在自己走過的路上留下半行深深的腳印，也比什麼腳印都留不下好啊。那麼多人辛辛苦苦什麼也沒留下，而我輕而易舉就印下了半行腳印，你說，我是不是比他們更幸運。」

僧人頓時明白了，這世界上，生命的幸運不一定就是人生的幸運，而生命的不幸卻可能是人生的幸運。生命的劣勢，恰恰是我們自己人生的優勢！

路，在沒路的地方

要使人生擁有與眾不同的風景，就必須讓自己的生命走一條與眾不同的旅程。

有個喜愛攝影的朋友，他鏡頭下的作品總是那麼與眾不同，他的視角總是那麼令人嘖嘖稱奇。面對他那一疊疊獎狀和一尊尊攝影大賽獎盃，作為他的朋友，我們爭執過好多次。

有人說，是他的相機好；有人說是他的藝術功力深；也有人說，是他的運氣好。那十幾個風景名勝區，整天都是旅客，但運氣不好的人，不是去晚了，就是去早了，總之與自己所需要的景物失之交臂。就像登玉山看日出，有的人去了，但偏偏遇上陰雨天；有的人去了，卻恰恰遇上了大霧天。但我們這位朋友總是運氣好，他要拍攝藍天，就有片片白雲；他要拍攝秋色，就有片片楓葉……

我們羨慕地說：「拍攝照片，你相機好，運氣也好，所以你的攝影作品好。」

他聽了，先一愣，然後哈哈大笑：「拍攝作品，跟運氣有什麼關係呢？」

他神祕地一笑，「好吧，下次外出拍攝，我帶你們一塊去！」

不久，我們真的安排了一次外出同遊的行程。遊覽中，我們生怕錯過任何一個風景點，七嘴八舌地紛紛向導遊小姐詢問如何才能平安、快捷、全方位地遊覽每一個風景點。但那位攝影的朋友卻對這一切漠不關心，根本不怎麼理睬導遊小姐，只是和一群坐在景區山腳下的當地村民們在一起，和他們興致勃勃地談笑，對著巍峨起伏的大山指指點點。當我們前呼後擁地跟著景區導遊要登山時，他笑著跑過來了，高興地舉著一張畫滿點與線的紙說：「想拍攝最美照片的可以跟我走！」

我們都詫異地說：「怎麼能跟你走？那些最美的地方不都是重要景點嗎？不去景點，怎麼能拍攝到最美的風景照片呢？」

他笑了：「大家都去的地方，哪能拍出與眾不同的照片呢？最好的風景，就在那些人跡罕至處啊！」

有人低聲嘀咕著問他：「你要去的地方有路嗎？」

「路？」他朗聲大笑說，「有路的地方我從來不去！」

「你要去的地方危險嗎？」又有人嘀咕著問他說。

他笑了說：「當然危險了，不危險怎麼能有出人意料的風景呢？」

大家都不說話了，只是靜靜地望著他。他彷彿突然想起一件什麼事情來，邁步走到我的前面，然後把掛在他脖子上的數位單眼相機取下來掛到我的脖子上，把我那台老掉牙的相機掛到他的胸前揮了揮手說：「朋友們，看我們誰能拍攝到最美的作品！」然後就一個人攀巨石，劈荊棘，離開我們和導遊走了。

兩天後，回到山腳下的小民宿。當大家開始秀出自己的攝影作品時，我們都被他作品中那種峻奇、壯美和宏偉驚呆了，連風景區導遊和經理都難以置信：「這裡居然還有如此秀麗的風光？」

在大家的一片驚奇和嘖嘖稱讚裡，朋友輕描淡寫地說：「熟悉的地方沒景色。最美的風景，往往都在道路遠遠不能抵達的地方。」

我聽了，心裡豁然開朗。是啊，熟悉的地方沒景色。在人生的旅途上，有多少人敢於跳出人生的固定路線，為自己另闢蹊徑？我們都是循著前人的腳印走，看前人欣賞過的一個個人生景色，這樣又如何能讓自己的生命活出與眾不同的價值呢？

要使人生擁有與眾不同的風景，就必須讓生命走一條與眾不同的旅程。人生常常是這樣：只有不甘於寂寞的生活，才有非同凡響的人生！

為心靈化妝

心靈的美一旦被記住，就會得到永遠的尊崇和敬仰。

我的朋友突然生病住進了醫院。

她是一名教師，平時一向極重儀表，衣服總是穿得不紊不亂，燙得一個縐褶都沒有。每天去學校，她都一絲不苟地化妝，頭髮吹的整整齊齊，把自己打扮得潔淨而大方。她說自己是一名教師，不注重儀表，是無法在講台上從容面對學生的。

現在她住院了，而且病得很重。我們到醫院去探望她是在早晨不到八點的時候，她的病房是空的。我們問護士，護士說：「剛才還在呢，是不是到醫院後的竹林裡散步去了。」我們思忖她的病這麼重，哪還有心思去散步呢？我們到後邊的竹林裡去找她，果然沒找著。於是只好坐在病房裡靜靜地等候她。

八點多的時候，她回來了。令大家倍感驚訝的是，她雖然明顯被病魔折磨得瘦而憔悴，身體看上去十分虛弱，但卻不減平日的風韻，衣服穿得整潔而得體，頭髮梳理得紋絲不亂，上頭打著漂亮而素雅的結飾。她不好意思地告訴我們說，她剛才到醫院的盥洗室化妝去了。

大家十分驚訝。在醫院住院，又病得這麼重，還要堅持去化妝，這樣的病人真的太少見了。我們勸她：「養病重要，住院還化什麼妝呀。醫院裡的病人，個個都是素顏的，面色憔悴就憔悴吧，頭髮亂些就亂些吧，在病房裡把自己打扮得那麼美，又能給誰看呢？」

她笑著搖搖頭說：「病人也需要化妝，把自己化的漂亮些，可以讓來巡房的醫生、護士有個好心情。即使親朋好友來了，他們看不到我的憔悴，心情也會輕鬆起來的。」

她頓了頓又說：「在病房裡化妝，可以給親朋好友們很好的撫慰，免得他們為我牽掛、為我的病提心吊膽。」

又坐了一會兒，她央求我們到街上幫她買兩束花來，並且順便再帶一瓶香水給她。

我們勸她說：「你以為你是住酒店啊，這裡是醫院，你是病人。」

她笑笑說：「我知道，可是你們知道嗎，今天上午我的學生要來探望我，我不想讓他們看到我被病魔擊倒的樣子，我要讓他們看見，生命是多麼的美好而堅強，人是不會被輕易打倒的！」

那天臨別的時候，她忽然攔住我們說：「過幾天就要做手術了，我不知道結果會怎麼樣，但我只有一個願望，如果我不能笑著走下手術台，在最後你們一定要好好為我化一次妝。儘量讓我的唇角有微笑，這樣，我才可以坦然地見人。記住，你們一定要幫我！」我們阻止她不要再這麼說，但她說：「其實，我已經知道自己患的是什麼病，我已經做好了最後的打算。」

看著她憔悴但仍然微笑的模樣，我們含著淚答應了。怎麼能不答應呢？一個人可以這樣勇敢地為自己的心靈化妝，目的只是想留下讓別人寬慰的生命微笑。這是多麼美、多麼善良、多麼純淨的祈望啊。就像一朵菊花在寒霜裡仍然微笑，就像一粒火星在冰雪中仍然閃爍光亮。為心靈化妝，這是生命之美的一種從容和極至。

為容貌化妝，可以看到容顏的美；為心靈化妝，可以看見心靈和生命的美。容顏的美會隨歲月和時光漸漸消逝，但心靈的美一旦被記住，就會得到永遠的尊崇和敬仰。為我們的心靈化妝，這是讓世界美麗和人生完美的點睛之筆。

人生的過程

人生的真正意義在於過程，而不僅僅與人生最後的成敗有關。

我的院子裡有兩株葡萄，它們已經生長二十多年了，兩根彎彎的主藤顏色墨黑，就如兩條盤旋向上的飛龍。縱橫的葡萄蔓遮滿了院子的上空，仲夏時綠葉滴翠，一串串的葡萄晶瑩垂掛，為院子平添了不少的情趣。

妻子是個愛整潔的人，平時工作又很忙，每每下班回來，不是掃院子拖地板，就是洗衣服擦桌椅，而院子裡那兩株葡萄蔓又為妻子添了不少的忙。陽春三月時，綻滿嫩葉的葡萄蔓開始開花了。花穗嫩嫩黃黃的，花朵雖然遠沒米粒大，但十分芳香濃郁。

花開時節，滿院都繚繞著一團一團風拂不去的香味。可麻煩的是，花朵的花期都很短，三五天的工夫，院子裡就開始飄落細細的花瓣了。如果不清掃，沾在鞋底上半天便會把屋子裡的地板踩髒；如果清掃，又很麻煩，往往剛剛掃過一遍，一陣清風微微拂過，便又散落了薄薄的一層，怎麼掃都掃不完似的，這個麻煩可能要持續十餘天。

另外的一個麻煩在秋天，葡萄成熟採摘後，架上那些葉子便開始飄落，一陣秋風便飄落一層，常常剛剛掃過，只是一轉身的工夫，院子裡又是一地枯葉了，掃也掃不完的樣子，這樣的清掃要從秋天一直掃到大雪飄飄的冬天。

院子裡的兩株葡萄蔓這麼麻煩，但我們一家人又能得到多少果實呢？葡萄這東西很難儲藏。每年中秋，一串串葡萄熟了、紫了，我們便把它摘下來，東家送幾串，西家送幾串，自己吃的其實很少。惹這麼多麻煩，卻享用不了多少，要這兩株葡萄蔓做什麼呢？我建議妻子把它砍掉了事。但妻子卻怎麼也不同意，扳著手指細數葡萄蔓的種種優點。

她說住在這滿是水泥、高樓的城市裡，處處翠綠難覓。而院子裡這葡萄藤，卻一年三季替我們家帶來可愛的綠意。春夏時站在二樓陽台上，看眼前綠葉湧動，讓人心中頓生一縷縷清爽。陽春三月葡萄花開，使滿屋滿院蕩漾著濃濃郁香。秋天葡萄成熟，不僅自己可以品享葡萄的甜美，而且東家送一些，西家送一些，又使鄰里間增添了不少的溫情……

妻子淡然一笑說：「至於那些麻煩，表面上看起來是麻煩，我卻覺得是一種生活和心靈的享受。春掃落花秋掃落葉，這是如今城市裡多麼難得的田園詩意啊！怎能算是麻煩呢？」

妻子又說：「我看重的不是秋天裡的幾串葡萄，而是照料葡萄成長過程中的樂趣啊。就如人養花一樣，花開了花謝了，什麼收穫也沒有，但只有養花的人知道，在澆水施肥的過程中，他享受了無窮的樂趣啊！」

人生難道不也是這樣的嗎？當我們總是一生忙碌著追求成功，但成功又能真正給予我們什麼呢？不過是一些鮮花、一些掌聲，但鮮花、掌聲又能真正給予生命什麼呢？生命的所有歡樂其實並不是果實給予的，更多的滿足感其實存在於追求和奮鬥的過程中，或許是一串汗水，也可能是一滴淚水，甚至是生活過程中的一次跌倒和挫折。

享受生活，享受人生，所有的享受都不在最後的成功果實裡，而在忙碌的過程中。就如一棵樹一樣，發芽是它生命的樂趣，開花是它生命的樂趣，結果是它生命的樂趣，落葉也是它生命的樂趣。

人生的真正意義在於過程，而不僅僅存在於最後的成敗。

等長的路

不要在意人生跑道起跑前的位置。記住，每個人的生命跑道都是等長的，決定人生成敗的，是自己跋涉的腳步是否勤奮。

那年我十四歲，第一次代表學校參加一千五百公尺賽跑競賽。競賽在縣立體育場進行，跑道是環形的柏油跑道。賽前抽籤時，我抽到的是最靠裡面的第一跑道。我是山裡的孩子，在山上的中學競賽時，我們的跑道都是筆直的，所以對於這裡的跑道抽籤我根本不懂得是怎麼一回事。

直到穿好運動鞋站上跑道時，發現自己遠遠站在其他選手後面，這才大吃一驚。我想這實在是太不公平了，怎麼能夠這樣競賽呢？那些裁判是不是因為我是山裡的孩子就對我另眼相看呢？

看著一個一個遠遠站在前面的選手，我的心裡憤怒極了，我想走上前去對那些頭戴太陽帽的裁判們提出質疑和抗議，但又想到自己只不過是個山裡的窮孩子，說不定惹惱了裁判麻煩會更大，所以我有些猶豫不決。

正當我還在遲疑的時候，一聲清脆的槍響聲，站在我前面的十幾個選手立刻如一群脫韁的野馬一樣飛奔起來。坐在觀眾席上的教練見我還在發愣，急得大吼起來：「快跑！」

我立刻邁開步伐，追著已經遙遙領先的選手。很快，我超越了最後一個跑在我前面的選手。沒兩分鐘，我又超過了一個。我的感覺好極了，沒想到城裡的選手這麼不中用啊。我稍稍增大步幅加快奔跑，輕易地超越了一個又一個。我顧不得分辨觀眾席上那一陣陣喝彩和加油聲，也顧不得抬頭看前方的選手，只是低著腦袋，咬著牙，踩著驟雨一樣的腳步拚命地向前衝刺。

最後我得了第二名。

當教練從觀眾席欣喜萬分地跑上來緊緊擁抱氣喘噓噓的我時，我喘了一口氣對他說：「這次賽跑不公平，本來我是可以拿第一的。」

「不公平？怎麼不公平？」教練問。

我邊喘氣邊憤憤不平地跟他解釋說：「你沒看到嗎？起跑時他們都站在我前面，我與他們相差了那麼遠，這怎麼算公平呢？」

教練說：「那是因為你在最裡邊的第一跑道啊！」

我依舊憤憤不平：「不管第幾跑道，反正都是一千五百公尺，憑什麼起跑時讓我落後那麼遠呢？」

教練一聽，哈哈大笑起來，他指著跑道跟我解釋：「跑道是環形的，最裡面的距離最短，最外邊的距離最長，所以起跑的時候不同跑道的選手位置就不同。」

教練笑眯眯地對我說：「排在最內側第一跑道的選手，如果起跑位置和別人一樣，那才是對其他選手的不公平呢！」

我這才恍然明白，不好意思地紅著臉說：「老師，我明白了。」

其實人生也是一種賽跑，不管生在城市或鄉村，不管家族是富翁還是窮人，也不管先天條件是優越還是落後，生與死的人生跑道都是等長的。不管你處在生活的哪一個位置，只要勤奮、努力，只要不甘人後，不停歇地拚搏進取，都能摘取到同樣甘甜的成功果實。

上帝絕不會偏愛誰，每一個人的人生跑道都是等長的，幸運、成功只青睞那些奮起直追的勤奮者。不要在意在人生跑道上起跑前的位置。記住，決定人生成敗的，在於自己跋涉的腳步是否勤奮。

3

角度

角度決定了紙張是一條線還是一個面

柔軟的心

保持心靈的柔軟和感動，這是讓生命青春永駐的唯一祕訣。

我的窗外是一行垂柳。那是一行已經有些蒼老的垂柳，不高的樹幹上樹皮十分黝黑，只有樹冠間的新枝隱約顯出一些青暈。陽春三月時，嫩綠的柳芽不知不覺地抽出一縷縷長長的垂條，像柔柔的長髮，又像綠綠的絲線，長長地從樹冠上低低地垂下來，甚至垂得就要觸到潮濕的地面。微風輕拂時，就像一雙看不見的纖手輕輕恍動起垂簾，垂條微閃，沙沙地輕響。

這是孩子們最喜歡的時節，他們常常三五成群地出入在垂條下面，扯下柔柔的柳條，然後剝開柳條根端的一圈樹皮，用小手握緊，順著柳條往梢端一拉，柳條上的柳芽和青色的嫩皮便集成了一團青黃色的毛球，垂在柳條的梢端，拿在小手上，像輕挑的一盞盞燈籠，悠悠閃閃的，十分有趣。

我的小女兒也十分喜歡玩這樣的柳條，常常求我幫她扯那些絲線一樣的柳條，但那柳條太柔又太韌了，完整地扯下一根來十分不容易，不是像繩子一樣柔韌地扯不掉，就是扯得太用力，從中間斷了。一個成年人費力地扯半天，也很難扯下幾根令人滿意的柳條，更別說身單力薄的頑皮孩子們了。

到了秋天，當那些金黃色的柳葉落盡時，常常有一群一群工人們在柳樹下忙碌，他們扯住那些凋盡葉子的柳條猛力地一扯，便在颼颼的斷折聲中扯下一把長長的柳條。我十分驚異於他們的氣力。春天時，我連扯下一根柳條都那麼難，而現在他們一次就能扯下那麼大把，何況他們多半都是有點年紀的老工人呢。推開窗子，我向他們搭訕：「你們的力氣真大，春天時我扯一根都扯不下來，現在你們一扯就是一大把。」

正扯柳條的老工人們笑著說：「怎麼那麼傻呢？春天時這些柳條剛長出來，又柔又韌，扯下當然不容易；直到現在，它們已經老了、變脆了，不用費太大的勁，一扯就斷了。」

我聽了，扶著窗愣了半天。

誰能想到呢？那麼柔軟、那麼柔韌，恰恰是一種蓬勃飽滿生命力貫穿的象徵，那是青春和年輕啊；及至老了，生長結實堅硬了，它們便脆弱了，輕輕一扯，甚至輕輕的一陣風便會把它們摧毀。

這多麼像我們的心靈啊！年少時，很容易為一句溫情的話、一道雋永的詩，甚至為電影裡的一個情節，便柔軟地流淚。直到閱盡滄桑時，我們的心在歲月中堅硬了，見怪不怪了，不再那麼輕易為了感動而顫抖，也不再會輕易地流淚，於是我們的生命便蒼老了，歲月的輕輕一扯，就會清脆地折斷。

保持心靈的柔軟和感動，是讓生命青春永駐的唯一祕訣。

多看一眼

對於很多東西，我們往往是只看一眼或道聽塗說後就草率地做出判斷，根本沒有仔細認真地反覆觀察、思考、分析，以致產生許多令人啼笑皆非的錯誤結論。

我家附近有一座糧庫，那是一座十分寂靜的糧庫，常常有一群群的小鳥在糧庫旁盤旋飛翔，那些鳥兒有渾身黑黑的烏鴉，也有啼聲清亮、十分機警的八哥，但更多的是那些灰黃羽毛間夾雜著一個個小黑點的野麻雀。

有一天傍晚，我和幾個朋友經過糧庫外的草地，紅彤彤的夕陽餘暉將面西的糧庫玻璃窗映照得又紅又亮，像塗抹了一片美麗的玫瑰色彩。就在這時，我們發現了一個十分奇怪又有趣的事情：一隻隻麻雀前後飛著，逕自撲向那些色彩艷麗的糧庫玻璃窗，牠們的翅膀不停地撲打玻璃，把那些玻璃撲打得彭彭作響。

我們都以為這些麻雀誤把玻璃當成了深邃遼遠的天空，那麼賣力地不停撲打，渴望自己能從這一方天空中飛過去，可是一次又一次都碰壁了，有幾隻甚至暈頭轉向，但牠們依舊不停地一次次撲打著，一點也沒有改變飛行的方向。

「真是一群頭腦簡單的鳥兒，那麼傻，傻得又是那麼執著。」朋友笑著搖搖頭說。

我們也都說：「真是太傻了，誤以為玻璃是天空了。即便是誤會，碰過那麼多次壁也該回頭了，怎麼老是一股勁兒拼命撞呀，多傻的鳥兒啊！」我們遠遠地站在一旁看那些麻雀，邊談笑著這些趣事。

過了兩天，我一個人散步又經過糧庫外那片荒地。那是中午時分，太陽還高高的掛在中天，遠未照到那些面西的玻璃窗戶，一個個窗戶在屋簷陰影下閃爍著幽光。我看見許多麻雀依舊撲打著玻璃，堅硬的小嘴把玻璃碰得叮叮噹噹輕響。我想這些麻雀真傻，誤把玻璃當成天空一次就足夠了，碰了這幾天的壁，怎麼還不明白那只是一塊一塊透明的玻璃呀，根本不可能飛過去的。

我遠遠站著看了好久，忍不住有些心疼那些可愛的小鳥來。我走過去，把一隻隻正在衝撞窗戶的鳥兒嚇開，但還沒有等到我轉身離開，麻雀們便又三五成群地撲在窗戶上。我很詫異，這些麻雀到底是怎麼了，為什麼那麼喜愛在玻璃窗戶上碰壁呢？

我停了下來，決定搬兩塊石頭墊在腳下，爬到窗上看一看，看看玻璃上到底都映著什麼，為什麼麻雀碰壁也碰得這樣心甘情願。

踩上石塊，我終於可以平視那些窗戶了。我發現透明玻璃上佈滿許多芝麻粒大小的灰褐色小斑點，那些小斑點密密麻麻的，而且一個一個還在緩緩地蠕動。我細細一看，原來那些斑點都是一隻隻小小的蟲子。

我終於明白那些麻雀們樂於在玻璃窗上碰壁的原因了，原來牠們碰壁並不是愚蠢地犯錯，而是為了叼食玻璃上那些密密麻麻的蟲子。我為自己自以為麻雀很傻而深深感到羞愧。

其實，生活中像這樣自以為是的誤判很常發生。對於很多東西，我們往往是只看一眼或道聽塗說，就草率地做出了判斷，根本沒有仔細認真地反覆觀察它、思考它、分析它，以致產生了許多令人啼笑皆非的錯誤結論。因為這種粗淺的自以為是，我們曾誤解了多少善意的朋友；因為這種不經思考的自以為是，我們曾維護過多少的謬理，做出過多少讓我們心痛和懊悔不已的傻事啊！

人生有許多時候，因為少看一眼而差之千里，因為多看一眼而石破天驚。多看一眼，我們的心靈才可能離真理更近一些。

生命的光芒

不要拒絕命運中的那些「沙粒」，因為，生命的光芒來自於苦難。就像璀璨的珍珠，正是在沙粒的磨礪中長成的。

有一年，我們到一座城市參加座談會。下榻不遠的地方是一個綠樹掩映的海蚌養殖場。那天吃過晚飯，我一個人散步到了養殖場。養殖場裡很寂靜，數不清的池塘裡靜靜地開著幾朵白蓮，蕩漾著一池微微的碧波。在池邊，遇到一位老人，他正彎著腰吃力地往池塘中放東西。近前一看，是在倒沙粒，那沙粒十分純淨，有米粒般大小。

我問老人朝池子裡放沙粒做什麼？

老人笑笑說：「種珍珠。」

種珍珠？怎麼用沙粒種珍珠呢？

老人見我不解，便問：「你是都市人吧？難怪沒見過呢。」

老人說：「海蚌一般生長在靜靜的淺海區，它們喜歡海底的泥沼，在細膩的泥沼地生活，海蚌很難長出珍珠，想讓海蚌長珍珠，就必須讓海蚌們吃『苦頭』。」

見我不知道「苦頭」是什麼意思。老人笑笑解釋：「苦頭就是細沙粒。海蚌本身是不會生珍珠的，只有把這些沙粒吃進蚌殼裡，粘附在內壁上時，會因為不舒服而吐出粘液，有時沙粒甚至會把蚌壁磨出血來，這些粘液和蚌血一層又一層裹著沙粒，日子久了，就長成珍珠了。」

老人邊說邊將沙粒放進池塘裡，接著用振動器拚命攪動池裡的沙粒，讓那些海蚌們一不小心吃進去。老人笑笑說：「這就叫種珍珠。」

熱心的老人邊說邊帶我走到另一個池塘邊，彎下腰去用網子撈上來一個褐黃色的海蚌。那海蚌有碗般大小，扇形的蚌殼上佈滿了細密的淺淺線紋。老人用大手輕輕地掰開蚌殼讓我看：「瞧，這就是剛種半年的珍珠。」

我低下頭看去，只見那紫玉色的蚌殼內壁上粘附了十幾粒顏色不一的小沙粒，有的已呈薄薄的玉色了，有的沙粒還沒有被徹底包裹住。新生的珠子在紫色的蚌壁上像一粒粒的星星，閃爍著微微的銀色光芒。

老人說：「這個海蚌裡的珍珠很一般。」

他又帶我走到另一個池塘旁，然後撈出一個海蚌掰開給我看。這是一個珍珠就要成熟的海蚌，紫玉色的蚌殼內壁上星星點點長滿了珍珠，那珍珠一粒粒晶瑩剔透、圓潤玲瓏，像一粒粒玉豆。其中有五六顆，顏色呈現緋紅、紫紅，甚至是通體血紅的。

老人說：「這種珍珠十分珍貴，因為它們是蚌血凝成的。」

老人感慨地說，「這些紅顏色都是蚌的心血啊，這世上，心凝成的東西沒有哪一種是不珍貴的啊！」

我問老人怎樣才能讓海蚌多長珍珠，老人說：「沒別的辦法，要讓它多長珍珠，只有讓它多吃苦頭。」

多吃苦頭，多承受磨難，多經歷坎坷，海蚌才能多生長珍珠。那麼我們呢？那些櫛風沐雨的人，他們歷經滄桑，屢遇沉浮，被苦難和風雨一次次歷練著。深裹在他們心靈裡的苦難，經過命運和歲月漸漸地淬鑄成了生命的珍珠，綻放出熠熠的光芒。這些苦難，成了我們生命天空中的星辰。

不要拒絕命運中的沙粒，因為生命的光芒來自於苦難。就像璀璨的珍珠，就是在沙粒的磨礪中長成的。

你會做飯嗎

其實，這世界上許多看似風馬牛不相干的事情，實際上卻是相通的。從一片葉子裡可以看見森林，從一滴露珠裡可以看見大海。

她是一個剛剛從護校畢業的護士，一個從鄉下來的女孩。這座城市對她而言，基本上是陌生的，沒有人認識她，她也不認識其他人。

她長得算不上漂亮，在校成績也很一般。雖然從護校畢業，但她不知道自己該去哪裡找工作，因為一個長得不出眾，考試成績又平平的女孩子，有多少醫院願意錄用呢？沒辦法，她只能像許多同學一樣，每天在報紙廣告欄裡埋頭尋找聘用護士的醫院廣告。運氣還算不錯，過沒多久，她真的在一份報紙上找到了一則醫院招聘護士的廣告，而且是一家很有名的大醫院，醫療設備很先進。她和許多同學們一樣，看到廣告眼睛就亮了起來，第二天便急忙去應徵。

面試日期安排在一個陽光明媚的日子。她很早就去了，但當她趕到醫院門前，發現已經來了很多人，清一色的女孩子，個個明眸皓齒青春靚麗，一下子就把她比成了一隻醜小鴨。她心裡一直忐忑不安，不知道醫院要考什麼，也不知道自己會不會被錄用。如果這次不能被錄用，她就打算回鄉去了。家裡很忙，母親身體又不好，她要回去幫忙洗衣服、做飯，照料母親和家人，有許多家務事需要她分擔呢。

面試開始了，她們被帶到醫院的員工餐廳裡。一個穿著白衣的老人問：「你們誰會做飯？」

大家都很驚訝，招聘護士跟做飯有什麼關係呢？她們都是來應徵護士，怎麼被帶到廚房裡來了呢？沉默了一會兒，一位膽大的女孩子問道：「你們到底是需要護士，還是需要廚師啊？」老人不置可否地笑笑。

有幾個女孩子轉身就走了。

老人又問剩下沒走的女孩子：「你們誰能做飯呢？」許多人面對桌上一堆堆的青菜和鍋碗瓢盆，還是相互看看不言不語。

她想想，站了出來說：「我會做飯。」

「唔，會做嗎？」老人笑著問她，「那你現在就動手做吧。」

她捲起袖子，到水池前洗了洗手，然後開始選菜、洗菜……一切都做得有條不紊。一會兒的工夫，一小鍋清香、誘人的麵條就做好了。

老人滿意地笑了說：「手藝不錯，在家裡經常做飯嗎？」

她不好意思地笑了笑說：「經常做。」

老人又抬頭瞅了一眼她身後的女孩子：「還有誰會做飯？」

只有三四個女孩子站了出來。

老人說：「不會做飯的可以走了，會做的現在就可以露一手了。」

幾個女孩子嘰嘰喳喳地低聲議論：「廣告是騙人的，說是找護士，其實是找廚師……」

老人聽了，笑笑糾正大家：「我們不找廚師，是真的在招聘護士。你們也許覺得很奇怪，招考護士卻問會不會做飯幹什麼？其實我們是在考耐性、考毅力。我知道今天來應徵的全是護士專科的畢業生，你們都有文憑、有專業知識。但我想告訴你們的是，一個出色的護士，並不僅僅需要懂得護理病人，她還應該有耐性、有毅力，這樣，當她面對形形色色的病人時，才能從專業到精神上護理好每一個病人。就像做一頓飯，把菜上那些泥洗去，把一堆東西變成一碗清香誘人清清爽爽的飯。」

老人頓了頓說：「我不是這所醫院的廚師，而是院長。我是在用我一生的經驗，為我們醫院選拔優秀的護士。現在招聘時間已經結束了，剛才做出飯的幾位留下來，其餘的可以走了。」

在場的人全都愣住了。過了一會，爆出了一片熱烈的掌聲，為老院長、為這道出人意料的精采考題、也為那些會做飯的成功女孩們。

你會做飯嗎?其實，這世界上許多看似風馬牛不相干的事情，卻是相通的。從一片葉子裡可以看見森林，從一滴露珠裡可以看見大海。

險灘和暗礁

當我們處於風平浪靜的生活淺水區時，那些原本不值一提的小事情卻成了一道道人生的險灘和暗礁，常會令我們擱淺，甚至面對撞沉的危險。

一個老船長被聘請到一家海運公司當船長。這是一家頻頻發生沉船事故的海運公司，事故成了船員們沉重的心理障礙，嚴重影響了正常的海運業務。

滿頭白髮的老船長上船後，在船長艙裡看了看掛在壁上的貨船航線圖，他吩咐把它取下來。船上的水手們說：「這是公司好不容易花費巨資才請來專家們所繪製的航線圖，大部分航線都在淺水區，暗礁和險灘也都標得十分精確，怎麼能不要這幅航線圖呢？」老船長不理睬水手們，只是要求公司馬上提供一份航線深水區示意圖。

船上的水手十分不解又驚慌，過去他們在淺水區按航線行船，每當船隻遭遇不測，大家憑著水性和泳技，才能夠很快找到荒島或礁石，得以死裡逃生僥倖逃過一次次劫難。但船隻在深水區航行就可怕得多了，一旦遭遇沉船，茫茫大海上不僅很難找到荒島礁叢，說不定連一根草也找不到，根本很難有生還的機會。心有餘悸的船員們立刻對老船長的做法提出了質疑和抗議。

叼著橡木煙斗的老船長什麼也不說，他撕下一頁厚厚的牛皮紙，在甲板上三折兩疊就疊出了一條漂亮的紙船，又找來了一個木盆，倒上半盆的水，然後又往木盆裡丟下一些差不多和水深一樣高度的石塊。老船長把紙船放進木盆裡，扳住盆沿輕輕地搖了幾搖。頓時，那紙船在木盆裡晃晃蕩蕩的，不是撞到這一個石塊，就是擱淺在另一個將露而未露出水面的石塊上。只晃幾了幾下，那艘紙船便被撞爛了，看得圍觀的水手們個個手心都揪了一把冷汗。

老船長把紙船殘骸撈出來，又摺了另一艘紙船，然後吩咐一個年輕水手將盆子裡的水倒滿，這才將新紙船放到盆子裡。盆子裡的水深了許多，剛才那些浮出水面和剛好被水蓋住的石塊現在都深深淹在了水底。老船長同樣扳住盆沿晃了晃，紙船在盆裡搖搖擺擺晃來晃去，雖然顛簸得十分厲害，但因為沒有冒出水面的石塊，也沒有淺淺掩在水面下的石尖，紙船在盆子裡安然無恙。

老船長取下嘴上叼著的橡木煙斗，看了一眼疑惑不安的船員們：「明白了吧？水最深的地方，就沒有礁石和暗礁了，也就減少了不幸觸礁的危機，行船就更加安全了。而在淺水區，險灘和暗礁全浮了出來，就是再有經驗的船長，也很難做到不出事故的。」老船長頓了頓，又深深吐了一口煙說：「這是我和大海打了一輩子交道的經驗。水越深的地方，行船就越安全；而水越淺的地方，卻恰恰是沉船事故的多發之地啊！」

人生又何嘗不是如此呢？當生活處於最深的危機時，那些雞毛蒜皮的小困難都被掩在最深處，因為不能對我們構成一點點的威脅，於是在不經意間就被我們輕而易舉地越過了。而當我們處於風平浪靜的生活淺水區時，那些原本不值一提的小事情，卻成了一道道人生的險灘和暗礁，常常把我們撞沉或擱淺。

餐桌上的米粒

幸福不需多麼深刻，重要的是有溫暖的愛作為回應。

那是一個種米的大戶家庭，儘管家裡米倉從沒空過，他卻從未浪費過一粒米。我們十分偶然路過這個家庭，並且親眼見證了他們家裡吃飯的情景。

飯做好了，他從屋內扶出了一個虛弱的老先生，還有一個銀髮稀疏、老態龍鍾的老太太。他把老先生和老太太扶到餐桌旁坐好，然後憨厚地笑笑向我們解釋說：「這是我爹和娘。」

我們一起坐下來，圍著餐桌開始吃飯。飯很普通。普通的蒸米，普通的水煮白菜和蕃薯葉。他邊招呼我們吃菜，邊一筷子一筷子地替老先生夾煮得爛熟的菜，替老太太夾一片一片煮得透亮的白菜葉。

他不好意思地笑笑跟我們解釋說：「他們老了，愛吃這個，卻夾不住。」的確，兩位老人都很老了，枯瘦生滿老人斑的手有些微微地發顫，拿不緊的筷子經常掉到餐桌上。他有時把菜夾進他們碗裡，有時乾脆小心翼翼地餵給他們吃。兩個老人不說話，像兩個十分聽話的孩子。

他笑笑跟我們說：「我小的時候，他們也常常這樣餵我。」

我們點點頭說：「是呀是呀，小的時候父母都常常這樣餵我們。」和他說話的時候，我的心隱隱地泛起了一些不安。是的，小時候父母都是這樣常常餵我們。可是等到長大而父母年老的時候，我們曾像他這樣耐心地餵過自己的父母嗎？

兩位老人的手抖得厲害，筷子不時掉落到餐桌上。他笑著，一次又一次不厭其煩地把筷子撿起來，輕輕地再遞到兩位老人的手中。隨著老人筷子掉落的，還有許多潔白晶亮的米粒，那米粒像晶瑩的玉屑，一粒粒在餐桌上閃著溫溫的柔和光澤。每掉出一些米粒，兩位老人就無奈地輕輕笑笑，看得出，那是他們對自己蒼老得不能穩穩夾住米粒而不好意思。他不說什麼，心平氣和地伸出自己的筷子，一顆又一顆地夾起那些散落的米粒，然後一粒一粒地送進自己的口中。

偶爾他抬起頭，看到我們有些驚訝的目光，他平靜地解釋說：「以前我還是孩子的時候，父母也這樣，爭著撿我掉在桌上的米粒吃呢。」

然後他又撿起幾顆米粒，邊輕輕地咀嚼，邊輕聲跟我們解釋：「人一老，就變成孩子了，我這樣吃，爹娘會很高興的。」果然，兩位老人都很幸福的樣子，蒼老的臉上流露出淡淡的滿足笑意，很舒服地看著正撿著掉落的米粒吃的孩子。那神情，就像兩個懵懂的孩子，正暖暖地望著自己的父母。這一刻，我驀然相信了，這個遠近聞名的大戶，他絕不是為了節儉那幾顆米粒，他是在節儉一些生活和心靈的恆久溫情。

很多年了，每當我和年邁的父母坐在一起吃飯的時候，腦海裡都會清晰地閃動著餐桌上那些晶瑩剔透的米粒，想起那個農人一粒一粒撿吃米粒的動人剪影。我堅信，那兩位年邁的老人心靈是幸福的，因為他們擁有一個撿拾他們遺落米粒吃的兒子，那是多麼甜美多麼幸福的親情和愛啊！

幸福並不需要多麼深刻、感人，重要的是要有一個溫暖的回應。

愛的聲音

打動心靈的，才可能打動世界；打動心靈的，才可能祈禱到幸福。不管是一句話、一縷風，甚至是一串輕輕的鈴鐺聲，只要是愛的聲音，它肯定就是世界上最美的聲音，肯定就是幸福的聲音。

醫院裡來了一位病人。她是一位四十來歲的女人，身材高挑，雖然年過四十，但面容依舊姣好，穿著也十分整潔得體。但令人遺憾的是，她是一位盲人，雖然她的眼睛很大、很漂亮，但卻什麼也看不見。

她的丈夫是一個又黑又瘦的男人，不怎麼愛說話，看上去有些靦腆。令醫生和護士們奇怪的是，這個男人走路或晃動時，身上就會響起一串串清悅的鈴鐺聲，他每走一步或動一下身子，鈴鐺就會叮噹叮噹地發出脆響。一個護士留心才發現，那個鈴鐺就綁在他的袖口上。鈴鐺不大，只有櫻桃般大小，黃閃閃的，就像一顆銅紐扣。

醫生和護士們都很奇怪，只見過有人戴項鍊、手鍊和寶石戒指做為首飾，從沒見過誰用鈴鐺綴在衣袖上做裝飾。護士和醫生們私下猜測：「那或許是個用黃金打製的鈴鐺吧。那麼精緻，響得又那麼動聽脆亮。」

每當那男人從走廊上走過，所有的人都會很驚訝地望著他。這個男人身上怎麼有鈴鐺響呢？那男人也不解釋，只是靦腆地笑笑，一串叮叮噹噹的鈴聲就走過去了。

護士們很好奇，想向男人打聽他為什麼要戴鈴鐺，但話到口邊就被醫生用眼神阻止了。醫生說：「每個人都有隱私和愛好，不可以打探病人或家屬的事情！」

終於有一天，輪到這個盲女做手術了。她丈夫和一群護士將病人推到手術室門口，護士要男人留步，然後就推著盲女進了手術室。當主刀的醫生和護士們準備手術器材的時候，向來十分文靜的盲女卻變得焦躁不安起來，任醫生和護士們怎麼勸也不行。她不是在手術台上焦躁地拚命扭動，就是歇斯底里的又哭又叫，鬧得醫生和護士們一點辦法也沒有。

正在大家束手無策的時候，手術室守門的護士推門進來了，她告訴主刀大夫說：「門外病人的家屬在拚命敲門，要求立刻見你。」主刀醫生聽了，馬上放下手中的器具走了出來。

敲門的正是那個盲女的丈夫，他一臉歉意地說：「對不起，我忘了一件事情了。」說著，他從袖口上取下那枚鈴鐺說：「做手術時，得帶著這個，不然她會很難配合的。」

主刀大夫很不解地說：「我們做手術，要鈴鐺做什麼呢？」

那個男人說：「她的眼睛看不見，每天聽不到鈴鐺聲，她都會坐立不安。我們結婚二十多年了，她一直都是在這鈴鐺聲裡生活。聽到鈴聲，她就知道我在她身邊，什麼也不用怕。聽不到這鈴聲，她一定會害怕的。」男人頓了頓，又不好意思地說：「做手術對她來說是件很可怕的事情，我不在她身邊她大概是不會配合的。」

主刀醫生為難地說：「可是做手術時，除了醫生和護士，任何人都不能進入手術室。」

那個男人說：「這我知道，所以我想請求您，在替她動手術的時候，請一位護士站在她身邊晃動這個鈴鐺。只有聽到我的鈴鐺聲，她才可能安靜下來，不會害怕。」

主刀醫生同意了，他小心翼翼地接過那枚鈕釦般大小精巧又澄亮的鈴鐺。當鈴鐺聲在手術室響起來的時候，病人馬上變得十分安靜。

這是一次十分特殊的手術，當一群醫生和護士們在無菌燈下緊張地忙碌時，一個護士站在手術台邊不停地輕輕晃動著鈴鐺。那鈴鐺聲不疾不徐地在手術室裡飄蕩著，像是一曲美妙的音樂，又像是一縷縷和煦而溫暖拂過心田的微風，像是一首親切又溫馨的歌謠，又像一句句溫情而纏綿的呢喃……

這是一次難忘的成功手術。當病人被推出手術室時，她安詳地睡著，嘴角蕩漾著一抹幸福的笑意。在手術室門口時，年邁的主刀醫生破例對等在門口正焦急不安的男人說：「來，我推手術車，你晃鈴鐺吧！」

男人高興地接過鈴鐺，隨著主刀醫生緩緩的腳步，輕輕晃動著那清悅而動聽的鈴鐺。病房的走廊上飄蕩著鈴鐺聲，護士、家屬，甚至許多病人都湧出來，他們靜靜站在走廊的兩邊，羨慕而幸福地聆聽著那清悅的鈴聲，像在諦聽微風，像在諦聽陽光，又像在諦聽一種生命靜靜蕩漾的幸福。那一串串輕輕的鈴聲，讓每一顆心都深深地沉醉著……

這是一種愛的聲音，一種心靈的聲音，一種世界上無與相媲的音樂，是一首詩的詩韻，是花朵綻開的聲音，是金黃陽光輕輕飛翔的聲音……

打動心靈的，才可能打動世界；打動心靈的，才可能祈禱到幸福。不管是一句話、一縷風，甚至是一串輕輕的鈴鐺聲，只要是愛的聲音，它肯定就是世界上最美的聲音，是幸福的聲音。

母親的生日

我尊重所有知道自己父母生日的人。

下雪那天，父親和母親突然從鄉下來了。父親身上背著一個行李，兩隻手還提著包裹，母親背上也背著一個很重的行李。他們的頭上、身上和行李上，落滿了厚厚一層雪，甚至母親的額際和橘黃的稀疏髮梢上，都凝了一層晶亮的冰晶。

我和妻忙接過他們的大包小包，招呼他們趕快坐到暖爐旁，手忙腳亂地替他們拂去身上的落雪，並請妻趕快幫他們煮點熱湯暖暖身子。

父親笑呵呵地坐在火爐旁，搓著一雙凍僵的老手沒說什麼。

母親照例又說：「我現在不想吃，頭暈，先睡一會兒。」說著就去隔壁的房裡蒙頭睡了。

我問父親說：「媽還是暈車？」

父親說：「還是又暈又吐，走一路吐一路，吐得一塌糊塗。」

母親一直都會暈車，坐車對她來說簡直就是受罪，又暈又吐的，況且暈一次車最快也需要兩天才能恢復精神。母親也曾試過在坐車前服幾片暈車藥，但那種藥片對母親起不了任何作用，別人服一兩片夠了，而母親一次服下四五片，卻依舊暈到不行。有一次我跟母親一塊乘車，見母親又暈又吐的，最後連胃裡的食物吐完了，吐的都是些又黃又綠的粘液，我的心也揪著疼，勸母親說：「以後妳別再坐車了，我們抽時間回老家看妳。妳看，都吐成這個樣子了！」

我埋怨父親：「媽暈車暈得這麼厲害，又是下雪天，你們來城裡幹啥？再過一個多月就過年了，我們回老家看你們不就行了嗎？」

父親說：「我也是這樣對你媽說的，可是你媽非要來。她說明天就是你的生日了，怕你們忙，把自己的生日給忘記了。」

「生日？明天是我的生日？」我一愣，起身翻開桌曆一看，還真的是呢。整天在公司裡窮忙，要不是父母趕來，我真的把自己的生日給忘了。父親打開包裹，取出一桶辛辣臭豆腐、一罐辣油、一瓶煮黃豆醃臘菜，還有母親替我織的圍巾和給小女兒的花毛衣。

父親說：「你愛吃的東西，你媽都準備好了。」

夜裡，母親沒吃飯，頭還是暈得厲害，躺在床上直呻吟，不過，已經稍好些了。母親說：「剛下車那時，我頭暈得都有些麻木了，現在好多了，只是還有些暈，後腦勺一抽一抽地疼。」母親受這麼大的罪，冒著大雪趕了三百餘公里，只是來替三十多歲的兒子過生日。我想想，眼淚就流出來了。

熱熱鬧鬧地過完生日，父母親小住了幾天，就吵著要回家了。我勸母親說：「你坐車會暈，來一趟不容易，就多住些日子吧。」但母親怎麼也不肯再住下去，她說家裡有雞有豬，要回去餵牠們呢。怎麼也勸不住，他們就又匆匆回家了。

春節時我攜妻女回老家，偶爾在一個抽屜裡看到了我家的戶口名簿，便信手翻了起來。我和妻的戶口早遷到都市裡了，戶口上只有父母親和弟弟。細心的父親將我和妻女的出生年月寫在一張紅紙上，牢牢地貼在戶口名簿裡。說實在話，我以前從不知道父母的出生年月，更不知道父母的確切生日，那天翻了戶口名簿，看到母親的生日，我的心忽然就酸了。母親的生日是農曆十一月二十四，而我的生日是十一月十五，僅僅相差九天啊。母親甘受暈車的苦，冒著大雪去城裡替我過生日，而在她過生日的前幾天，卻又悄無聲息地回老家。

我的淚水默默地從眼眶裡湧了出來，一顆一顆落在戶口名簿上。妻過來問我難過什麼，我讓她看戶口名簿上我的出生日期和母親的出生日期，妻一看就明白了，眼淚也流了出來，「媽年年替兒子熱熱鬧鬧地過生日，可是她自己的生日卻都是不聲不響的，媽的生日和你的只差九天啊！」

每一個母親都刻骨銘心地知道每一個兒女的生日，而又有多少兒女能準確知道母親的生日呢？兒女是母親身上掉下的一坨肉，這坨肉長大以後，就漸漸和母親疏遠了，但母親卻永遠地把這坨肉揣在心裡，像脈跳一樣惦記著。兒女們慶賀自己的生日時，又有幾人記起，那恰恰是母親分娩受難的日子啊！

我尊重所有知道自己父母生日的人。

母愛如鹽

母愛在我們的身邊時時蕩漾，就像鹽粒入水。它那麼沒沒無聞地滋養著我們，我們卻永遠不曾留意它那純美的晶瑩。感愛世界，感愛一切，我們必須從感愛母親開始。

一個年輕人負氣出門遠遊。原因其實很不值得，他不過是被媽媽輕輕責備了兩句而已。但年輕氣盛的他，卻一個人悄悄離家出走了。

這天，年輕人來到一個偏僻的小山村。他又冷又餓，已經整整四天沒有吃到東西了。在泥濘的村口，他雙眼一黑撲通昏倒了。

醒來的時候，他躺在一張溫暖的床上，額頭放著一條替他降溫的毛巾，一個頭髮花白的老太太，正坐在床邊一勺一勺地餵他喝薑湯。可能是擔心薑湯太燙，餵他前，老太太總是輕輕地對著湯匙吹幾口氣，然後才小心翼翼地餵給他喝。看著老太太那一副慈愛的模樣，他的鼻子驀然酸了。兩顆晶瑩的淚珠慢慢湧上眼角，他哽咽著對老太太說：「奶奶，謝謝妳！」

老太太笑瞇瞇地說：「醒來就好，出門在外的，哪需要這麼客氣呀！」

夜裡，窗外飄著鵝毛大雪，他閉上眼睛正想甜甜地睡去。忽然聽見門吱的一聲輕響，老太太躡手躡腳地進來了，輕輕替他整理了被角。

看著額上落滿雪花，輕手輕腳生怕驚醒了他的老太太，他終於忍不住地哭了起來，緊緊拉著那位老太太的手說：「謝謝您！」接著，他便如實告訴老太太自己離家出走的緣由。

老太太靜靜聽完他的話，憐愛地嘆息一聲說：「你真是個傻孩子呀！」老太太頓了頓對他說：「我不過就為你做了一頓飯、拉了一次被角，你就這麼感激我。可是有人替你做了記不清多少次的飯，整理過幾千次被角，你感激過她一次嗎？」誰曾經替自己做過數不清多少次的飯，整理過幾千次被角？這個人是誰呢？他愣住了，不解地望著床邊的老太太。

老太太笑著對他說：「這個人就是你媽媽呀！」老太太問他，「你媽媽為你做了那麼多，可是你曾對她說過一句謝謝嗎？」

他一時愣住了，媽媽為自己做了那麼多，付出了那麼多，自己真的至今連一聲謝謝都沒說過。愧疚的淚水漸漸湧滿了他的眼眶，為眼前這位萍水相逢的老太太，更為那一個神聖而溫暖的詞語：媽媽。

我們曾經感激過許多相識或不相識的人，但誰曾對自己的媽媽由衷地說過一聲「謝謝您」呢？

媽媽的溫暖就像陽光，沐浴其中的我們卻從未想到過感激。媽媽的慈愛就像最細碎而晶瑩的鹽粒，我們一日三餐安然品味著它所帶來的美味，卻從沒有在菜餚裡見過鹽粒的光芒。

母愛在我們的身邊時時蕩漾，就像鹽粒入水。它那麼沒沒無聞地滋養著我們，我們卻永遠不曾留意它那純美的晶瑩。感愛世界，感愛一切，我們必須從感愛母親開始。

醜母

母親永遠會為了兒女而犧牲自己。

我的母親是個容貌醜陋的鄉下女人。懵懵懂懂時，我就開始覺得丟臉了。我從不跟母親一起上街，每當母親下田，需要喊她回家時我總是很快地跑到她身邊，低低朝她喊一聲，便飛快地獨自一人跑開了。別人家的小孩，都是由母親拉著小手送到學校去，但我不肯，我拒絕接送。我知道很多個夜晚，下了晚自習一個人沿著漆黑的街巷走回家時，身後那個遠遠跟著我的黑影，那不緊不慢的一串腳步聲就是母親。但我還是假裝不知道，我怕突然走到一盞路燈下，讓別人窺見了我有一個醜不忍睹的母親。

因為醜，自慚形穢的母親向來都是孤獨和寂寞的。她不串門，不到人潮如流的集市去，她從不高聲說話，總是一個人不聲不響默默在家務和田間兩頭忙碌。母親很愛看戲，但她很少到戲場去，就算乘著夜色去了，也是不聲不響地遠遠坐在角落裡，而且往往是去得最遲走得最早的一個。她沒有看過一場完整的戲，不是沒聽到開場的鑼聲，便是沒有看到結尾的好戲。回到家裡，就靠父親那笨拙的口舌替她補完一場戲。因此在鎮上，母親像一個難以被人看到的幽靈，許多人都把她漸漸地淡忘了。

臨近大學畢業的那年夏天，我的女朋友曉月固執地要跟我去鄉下見見我的家人。我百般阻撓無效，只好硬著頭皮忐忑地帶著她回鄉下老家。推開老家的木門，母親正坐在院子裡搓洗衣服。見我們回來了，母親慌忙站起來。女朋友見了母親的模樣，一時怔住了。

我的臉紅了，尷尬地撒謊說：「這是我的大嬸。」我看見母親一怔，微微地一個哆嗦。但母親什麼也沒有說，強裝鎮定地朝我們笑笑，便把我們迎進了屋裡。

那兩天，曉月一直問我母親在哪兒。我左遮右攔，眼看就要露出馬腳來，母親連忙幫我掩飾說：「他媽出遠門去親戚家了，要好多天才能回來，我只是過來幫忙照看一段時間而已。」母親笑著說完，就輕輕扭身出去了。我看見母親在牆角偷偷抹去一把眼淚。

後來我在城裡結了婚，只草草寫了一封信回家告訴父母。母親接信後，替我們匯來了一萬元，匯款單的留言欄上，留了幾個黑點。我想，這可能是我母親的欲言又止吧。一萬元，對都市人不算什麼，但對於一個只靠賣糧米、藥材賺錢的鄉下人來說，已經是很大金額了。

捧著那張匯款單，我感到一種從未有過的沉重。母親雖然沒在留言欄上寫一句話，但我已經深深感受到了她的祝福。

妻子分娩前的一個月，有天樓下鄰居轉給我一個很重的包袱，他說是一個鄉下婦女送來托他轉給我的。我忙問他送包袱的女人是什麼模樣，他比比劃劃說了半天，才說了一句：「很醜的一個老婦人。」他說，那個老婦人在樓下轉了老半天，把包袱托給我說她急著趕車，就匆匆走了。

回到家裡，我打開包袱，全是花花綠綠的童衣童帽。我再也控制不住自己，放聲痛哭了一場。我告訴妻子說，我曾說是我大嬸的那個女人就是我母親，她千里迢迢風塵僕僕地搭車轉車趕到這裡來，為了兒子的顏面，竟臨門而不入，留下她給兒子和未來孫子的滿心慈愛，連兒子的一口茶水也沒有喝。

妻子也哭了。妻子說，她其實早就知道那「大嬸」就是我的母親，「她一點也不醜，她比許多女人都美，她是我見過最了不起的媽！」妻子要我回家把母親接來，「我們不僅要大大方方喊她媽，還要陪她去大街走走。」妻子說。

哦，母親！

走過我的母親橋，漫長的歲月在祈禱。

這邊是風雨，那邊是陽光，縷縷的白髮飄呀飄。

走過我的母親橋，輕揚的微風在尋找。

這邊是牽掛那邊是歡笑，再多的夢想也嫌少。

親我愛我的母親橋啊，流不盡的故事忘不了。

永遠永遠的母親橋啊，伴我一直走到老！

4

總有一顆心在乎

我們的微薄給予，可能世界不會在乎，生命的群體不會在乎，春天的樹林和草原不會在乎，但總有一個生命和一顆心靈在乎。

總有一顆心在乎

我們的微薄給予，可能世界不會在乎，生命的群體不會在乎，春天的樹林和草原不會在乎，但總有一個生命和一顆心靈在乎。

一個風雨交加的夜晚過去後，天剛濛濛亮，一個到海邊看日出的男人來到了正呼嘯著退潮的海邊。

他看到一個老人正在退潮的海灘上不停地忙碌。老人不停地彎下腰，在海灘上撿到什麼，又遠遠地扔進海裡去。男人向那個忙碌的老人走去，走到老人的身旁時，他看見老人前面剛落潮濕漉漉的海灘上，蹦跳著一條條銀色的小魚。那是被潮水遺忘在沙灘上的小魚，每條僅僅拇指大小，銀閃閃的，在還沒有乾涸的水窪裡掙扎。有的焦燥地翕張著漂亮的小嘴和魚鰓，有的絕望地扭擺著透亮的尾翅。老人小心地撿起一條，揚手扔進旁邊正翻卷呼嘯的海裡，然後彎下腰去又小心翼翼地捧起一條。

男人不解地問老人說：「你扔了多少條了？」

老人邊忙頭也不抬地說：「不知道，我已經扔了多年了。」

男人又問：「這是你的工作嗎？」

老人笑笑說：「哪有這樣的工作呢？」

男人說：「既然不是你的工作，這樣做是為什麼呢？」

老人抹了一把額頭的汗水說：「如果不在太陽出來之前把這些小魚扔進海裡，等太陽一出來，這些小魚都會被太陽曬死的。」

男人抬頭看了看浩淼無際的大海說：「海這麼大，海裡的魚那麼多，你扔進去一千條、一萬條小魚，這大海會在乎嗎？」

老人說：「海當然不會在乎，海那麼大，它肯定不會在乎一條小魚。」老人用指指他腳前水窪裡一條擱淺的小魚說：「可是牠在乎，這條小魚在乎，因為這可以讓牠擺脫死亡，重新獲得生命啊。」

老人頓了頓，瞇著眼睛看了看大海深處就要破霧而出的朝陽說：「大海不在乎，風也不在乎，可是，這條小魚的心在乎。」

這條小魚的心在乎？男人愣了一下，是啊，許多時候，我們可能拯救不了世界、拯救不了整個人類，甚至拯救不了一個貧困的村莊、一群因貧窮而面臨失學的孩子，但我們卻能拯救一個生命、一顆心靈、一隻鳥兒和一朵小花。我們的微薄給予，可能世界不會在乎，生命的群體不會在乎，春天的樹林和草原不會在乎，但總有一個生命和一顆心靈在乎。

只要有一顆心靈在乎的工作，就是需要我們去做的，也應該是我們神聖的工作。愛和善良，總有許多心靈是在乎的。

為生命奔跑

同樣是奔跑，目的不同，得到的收穫也絕不相同。

每天早晨，當曙光剛剛照亮非洲大草原的時候，羚羊們一睜開眼睛就開始練習奔跑。牠們箭似地踩落露珠，以敏捷的身軀和草原上的陽光展開賽跑。陽光和晨風被牠們追逐著，牠們的四蹄，把風和陽光遠遠地甩在身後。

也是在早晨，草原上射下第一道陽光的時候，獵豹和獅子也紛紛從草叢中躍起，閃電般地在莽莽的大草原上練習飛跑。牠們不追逐陽光和風，只夢想速度能超越羚羊，好讓自己能在飢餓的時候，追上那些風一樣快的羚羊群。

羚羊和獵豹、雄獅都是非洲大草原上以奔跑揚名的佼佼者。一支歐洲動物研究隊經過連續幾年的觀察發現，每當朝陽初升的時候，也是羚羊處在最危機四伏的時候。這時，沉睡了一夜的非洲雄獅早已餓得飢腸轆轆，為了活過新的一天，雄獅們會在大草原上四處巡邏，尋找那些敏捷的羚羊群。發現羚羊群後，牠們躲在草叢的掩護下，一點一點靠近，然後選隻體型小的雛羚羊，或是神態老邁的老羚羊，一個箭步躍出去。在雄獅兇狠的追逐下，羚羊群很快飛奔了起來，但無論牠們奔跑得多快，總有一兩隻羚羊會被雄獅窮追不捨，最後把牠們撲倒，鋒利的牙齒一下子深深咬進牠們的喉嚨。研究隊發現，清晨的時候，往往是獵豹和雄獅最容易捕到獵物的時候，也是羚羊們最危險的時候。

但在中午，情況就很不一樣了。吃飽喝足的獵豹和雄獅懶洋洋地半閉著眼躺在樹蔭和草叢下。既然剛剛飽餐了一頓，牠們對不遠處那些羚羊已經沒有太多的興趣。捕到一隻，就可以吃得更飽一些；如捕不到獵物，那也沒什麼，牠們的體力已經足以支持到第二天早上。因此，對於那些近在咫尺的羚羊，牠們只是象徵性地追逐一番，捕得到就捕一隻，捕不到追逐幾個回合就草草收場了。

科學家們感慨地說：「早晨時獵豹和雄獅們是在為自己的生命奔跑，所以很容易就捕到獵物。而到了中午，已經吃飽喝足的獵豹和雄獅們僅是為了能吃得更飽而奔跑，嚴格來說，僅是為了生活得更好而奔跑，所以常常無功而返。」

為食物而奔跑，獵豹和雄獅常常一無所獲；為生命而奔跑，獵豹和雄獅卻時時無一落空。同樣是奔跑，目的不同，得到的收穫也絕不相同。

為溫飽和財富奔跑，我們的人生可能會終無所獲。為生命奔跑，人生才可能碩果纍纍。

人生，要為只有一次的生命而努力奔跑。

接受與給予

接受並且慷慨給予，這是人和萬物永具生機的共同祕訣。

在巴勒斯坦，有兩個海，一個叫加利利海，是淡水海，裡面魚翔淺底，海面上遊船穿梭，一望無際的海面，像一塊藍寶石，閃爍著湛藍的萬頃波光。加利利海的海水來自源遠流長的約旦河，水質純淨、甘甜，引來許許多多的人和鳥兒。人們圍海而居，在海邊種田，在海邊建房，過著富足而美滿的生活。海鷗在海上飛，鳥兒在海邊的綠林裡清麗地鳴唱，加利利海不僅是人們幸福生活的樂園，也是鳥兒們的歡樂領地。

在距加利利海不遠的地方另有一片海，它也是淡水海，同樣是由約旦河向南奔流匯成的。但這個海裡沒有魚類生長，沒有海鳥在海面上翩翩飛翔，也沒有遊船和旅人們光顧，也因此，海邊很少有村莊。它的顏色不是湛藍的，海水渾濁不堪、散發著一縷縷濃重的腥臭，人和鳥兒都遠它而去。

彼此相鄰的兩個海，水源都是約旦河的水，為什麼境遇如此不同呢？剛開始的時候，許多人都很困惑，人們化驗兩個海邊的土壤，化驗兩個海裡的水質，直到十九世紀，地質學家才徹底明白了其中的奧妙。

原來，加利利海的海水是活水，它從約旦河裡接受到水，然後源源不斷地向下游流去，每有一滴水從約旦河注入進來，就有一滴水會從加利利海流出去。它時時接受，並時時給予。而和加利利海毗鄰的另外那片海就不同了，它只有入水口，卻沒有出水口，約旦河奔騰的水注進這個海裡後，很快就成了一海死水，沒有地方能夠流動，時間久了，就成了一海腐水。魚蝦在此不能生存，鳥兒在此也無蟲和草籽可食，湖水泛著腥濃的腐臭，它被所有生命所摒棄了。

流水不腐，有源頭汩汩入水，有出水口徐徐走水，才能清波蕩漾，成為生命的樂園，就像美麗的加利利海。若是只接受不給予，終將成為一潭腐水。

記住，有兩個毗鄰的海，加利利海接受與給予時時同在，所以它成了一個藍寶石般的寶海；而另一片海只進不出，也就成了一個死腐之海。

接受並且慷慨給予，這不僅僅是海，而且是人和萬物永具生機的共同祕訣。

比生命更重要的

追求靈魂飛翔的生命是我們應該崇敬的，不管是一隻鳥，或者是一隻小小的昆蟲。

在非洲的原始叢林裡有一種鳥，牠們鍾愛藍天和白雲，鍾愛梳理牠們羽毛上的雨水和風縷，鍾愛那給予牠們翱翔和自由的翅膀，只要有幾粒草籽和漿果裹腹，牠們就永不停息地飛翔，在枝椏間，在雲朵上。

這種鳥十分美麗，斑斕而豐富的羽毛，黑豆一樣機靈而清純的眼睛，啼叫聲清靈宛轉，像一串靜夜裡的風鈴，又像鑽石輕輕碰擊黃金的聲音。但由於牠們永不停息地飛翔，捕捉這種鳥太難了，簡直就像要捕捉一朵天空的流雲。

捕不到成鳥，人們開始打起雛鳥的主意。他們深入叢林和沼澤，去尋找隱祕的鳥巢，然後在雛鳥破殼並學會了吃食後，就把這些懵懂的小鳥捧回來，養在用黃金做成的昂貴鳥籠裡，以期能賣個好價錢。

但令他們驚訝的是，不管人們將雛鳥運送到多麼遙遠、多麼神祕的地方，那些雛鳥的父母們總能尋著飛來，圍繞著鳥籠飛翔、啼鳴，讓那孤獨地生活在籠中的小鳥羨慕地看著牠們自由的翅膀。三五天後，那些已習慣了在籠中靜靜生活的雛鳥不再沉靜，拚命地在籠中哀鳴、跳躍，焦躁地扇動剛剛豐滿的翅膀，直到精疲力竭，奄奄一息地死去。

更讓人驚訝的是，對於部分貪圖籠中安逸生活的小鳥，鳥爸鳥媽會從很遠的地方叼著漿果，餵食籠中的這些孩子，雛鳥們接食了漿果後，便出人意料的很快死掉了。

醫學化驗的結果是，這些漿果是有毒的。

給了兒女生命，同時就給予兒女飛翔的自由和使命，假如不能使牠們的軀體飛翔，那就讓牠們的靈魂自由飛翔吧。也許，在那些鳥兒們眼中，自由地飛翔，是比生命更重要的事情。

這是多麼另人類慚愧又震撼的生命啊，牠們就像人類中的蘇格拉底，就像在烈火中飛翔的伽利略，是用靈魂在自由翱翔。追求靈魂飛翔的生命，是我們應該崇敬的，不管是一隻鳥，或者是一隻小小的昆蟲。

生命的對手

太弱的對手常常是讓自己變弱的退化劑。替自己選一些真正的對手，這是讓生命不斷蛻變和強大的方法。我們的對手常常決定我們的能力！

動物學家們做過一種試驗：

在兩個荒島上，分別放養兩類食草動物。一類是奔跑如飛、體格矯健的羚羊、野鹿；另一類則是行動遲緩、體態笨重的黃牛、羊、豬之類的動物。然後，在這兩個荒島上又分別投放了幾隻兇猛敏捷的獵豹。

在放養羚羊、野鹿的荒島上，獵豹們為了捕食這些疾如閃電的獵物，經常虎視眈眈地傾聽著島上的風吹草動，一發現那些羚羊和野鹿，就像箭一般地緊追不捨，在樹叢和溪澗之間飛奔追撲。但對手跑得太快了，個個都異常敏捷，稍縱即逝，獵豹們為了不餓肚子，整天都在拚命地奔跑和獵捕，很少有打盹和閒睡的時間。

而另一個島上呢，獵豹們就悠閒多了。牠們爬到樹上，或者躲在樹蔭下瞇著眼睡覺，悠閒而慵懶地在草地上慢慢地散步、嬉耍。反正獵物們多得是，而且都是些行動遲緩極易捕食的動物，餓了的話，不費吹灰之力就可以手到擒來，根本沒有餓肚子之虞。

幾年後，兩個島上的獵豹們又被動物學家運回同一片非洲大草原上。回到大草原後，以前在島上以捕食羚羊、野鹿為對手的獵豹沒有什麼太大的變化，牠們發現羚羊或野鹿的時候便邁著矯健的四肢，如閃電一樣地追奔捕獵，牠們飛奔的速度比羚羊們更快了，因此幾乎每天都能捕到更多的食物。而那幾隻與山羊、豬、牛為伴的獵豹，情況可就差多了。非洲大草原上沒有豬、牛這樣遲緩的動物，牠們飢腸轆轆地靠近羚羊時，驚慌失措的羚羊便風一樣地狂奔起來，即使這些獵豹們緊盯著剛出生不久的雛羚羊，也無法追上牠。追了一會兒獵豹便氣喘吁吁了，因為獵物突然變得異常地強健，牠們再也沒有過去手到擒來的捕食機會，於是沒多久，便活活餓死了。

動物學家們嘆息說：「太弱的對手，會使牠們鈍化，如果一直和羚羊等矯健的動物為對手，就不會被餓死。牠們死於過去的對手太弱。」

太弱的對手常常是讓自己變弱的退化劑。因為對手太弱，我們不需努力便可以輕而易舉地取勝，於是我們常常故步自封於僅有的水準，因而失去了鍛鍊自己、挑戰自己的意志。久而久之我們就不可避免地淪落成了一個弱者，成了那種連羚羊也追不上的非洲獵豹。

別為自己的對手太弱而額首稱慶，想使自己真正強大起來，就要選擇那些剛健的對手，強烈的對抗，才是成為強者的真正動力。

給自己選一些真正的對手，這是讓生命不斷蛻變和強大的方法，我們的對手常常決定我們的能力！

分解成功

巨大的成功，其實是從細微的收穫開始的。

古印度人有個捕捉猴子的神祕妙法。在猴群經常出沒的原始森林裡，放上一張裝有抽屜的桌子，抽屜裡放一個蘋果或者桃子，然後將抽屜拉開到猴子的手能伸進去而蘋果或桃子卻不能拿出來的程度，獵人就可遠離桌子靜靜地安心守候。每一次，獵人都可看見同樣一幅可笑的畫面：猴子將手伸進抽屜裡取桃，桃子卻怎麼也取不出來，而猴子又死不肯放棄，於是貪婪的猴子急得兩眼直冒綠光，卻又一籌莫展。

這種古老的方法讓很多聰明的猴子輕而易舉成了獵人手到擒來的獵物。

有一天，一個獵人又用這個方法準備補捉一隻在附近棲息很久的猴子。一會兒，那隻猴子探頭探腦走到了桌子旁邊，先將一隻手伸進抽屜裡取蘋果，但蘋果太大，抽屜縫又小，怎麼努力還是取不出來。於是猴子又將另一隻手也伸了進去，兩隻胳膊飛快地在抽屜裡翻動。不一會兒，一個又大又圓的蘋果被牠用尖利的指甲摳削成一堆蘋果碎塊。猴子扔掉果核，用手掏出抽屜裡的蘋果碎塊，有滋有味的吃起來，吃完後便心滿意足地揚長而去了。

這隻聰明的猴子將蘋果摳成碎塊化整為零，因此而獲取了整個蘋果，避免了失敗的悲劇。我們對於成功又何嘗不是如此呢?許多人貪圖巨功，將一生緊緊繫在一個碩大的成功果實上，結果就像那些緊緊拿住蘋果而束手待擒的猴子，忙碌了一生，連「蘋果」的皮也沒有嚐到。而另一些人知道要將成功一點點分解，雖然每次得到的只是微不足道的一點點，但一次又一次的累積，使他們獲取了圓滿的成功。

巨大的成功，其實是從細微的收穫開始的。

生命的柔韌

柔韌會使我們的生命更堅韌！

在白雪皚皚的阿爾卑斯山南坡上，有一片蒼蒼莽莽的原始森林。這片古老的森林因為地處高寒氣候，只有兩種樹木，一種是秀峻的美洲杉，另一種是挺拔飄逸的雪松。

令人十分驚詫的是，這片原始森林裡，所有高大挺拔的美洲杉都沒有頂梢。它們的頂梢，像被一隻巨大的手一一折斷一樣，有的樹梢還橫陳在蒼翠的枝篷上，像一根根銹跡斑斑的鐵棍，有的則已了然無蹤。每一根美洲杉的頂端，都殘留著斷口，高聳在阿爾卑斯山湛藍的天空裡。當地的土著解釋：「這些美洲杉長得太高了，幾乎長進了天堂裡，所以上帝就把它們的頂梢一一折斷了。」

而與這些美洲杉混生在一起的雪松，卻安然無事，它們甚至比美洲杉更挺拔偉岸，像一座座高大的綠塔。它們的頂梢像綠色的塔尖，在阿爾卑斯山南坡燦爛的陽光裡，流溢著生命昂揚的青翠。面對這些比美洲杉長得更高，卻頂梢完整無缺的雪松，土著只能含糊其辭地解釋：「是因為上帝偏愛這些雪松吧。」

上帝為什麼一一折斷美洲杉的頂梢，而對雪松卻如此寬容呢？直到十九世紀中期，一支植物學家考察隊經過研究才發現，所謂折斷美洲杉頂梢的上帝，不過是阿爾卑斯山脈南坡的巨大風暴。這些巨大的風暴折斷了高大挺拔的美洲杉樹梢，使美洲杉成了「沒有頂端的樹」。那麼，風暴為什麼僅僅摧折美洲杉，而與美洲杉混生在一起，甚至長得更高的雪松卻安然無恙呢？

「是因為它們本身的柔韌性。」植物學家解釋：「美洲杉沒有柔韌性，當風暴來臨的時候，僵硬的頂梢上每一根樹枝都承受著巨大的重量，所以十分容易被風暴折斷。而雪松就不同，它們的樹枝具有良好的柔韌性，風暴來臨的時候，枝條隨著風向飛舞，它們的柔韌抵銷了強勁的風勢，所以再大的風暴，雪松都安然無事。」

柔韌，使雪松抖落了風暴，保持了生命的安然。

那麼，在我們潮起潮落的命運裡，當暴風般的災難一次次襲擊時，我們為什麼不能搖動命運的枝條，像阿爾卑斯山脈的雪松一樣柔韌呢？

記住，柔韌會使生命更堅韌！

有缺陷的種子

有些時候，完美也是一種缺陷。

十五歲那年的深秋，父親要我乘車到城裡去買麥種。下了車，按照父親的指示，我很快就找到了種子交易市場。

我走進了市場裡幾家種子店，店裡從地上到貨架上都擺滿了塑膠盆裝著的麥種樣品。我一邊和店主說話，一邊蹲下身子觀察盆裡的麥種。那些麥種看起來真的很漂亮，一粒粒飽滿、肥大，捧在手裡沉甸甸、閃亮亮的，就像一粒粒的珍珠。在店主巧舌如簧的遊說下，我差點就要掏錢訂購了，但我想起父親的叮囑，最終還是依依不捨地把捧在手裡的麥種放回了樣品盆中。

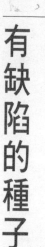

父親說有家種子公司有上好的麥種，由一位農業教授親自在市場裡的門市販售，他再三叮囑我一定要到那家種子公司的門市去，買那個農業教授培育出來雜交新品種小麥。

我一路打聽，終於找到種子公司的店，見到了那個戴著深度眼鏡的教授和他培育出來的新麥種，令我失望極了。我的失望不是對教授，而是對教授培育出來的新麥種。

那些麥種大小不一，品質十分參差不齊，並且也不飽滿，一粒一粒癟癟瘦瘦的，像營養不良的樣子，灰灰的沒什麼光澤，遠不如前面那些店裡出售的麥種，甚至連我家裡收成的麥粒也不能比。我抓了一把捧在手掌裡細細看了足足有三分鐘，才懷疑地問一旁的教授：「這真的是您培育出來的新品種？」

教授笑著點點頭說：「是的，是的。」

我再問：「怎麼長的這麼差呢？」

教授解釋說：「新一代改良的品種都這樣，種下去成色就會越來越好了。」

我一點也不相信他的解釋，母種都這樣，還能結出什麼樣的好麥子來？我斷定教授一定是騙人的，只不過是打著教授的幌子想靠出售麥種撈錢而已，這樣的麥粒只配餵雞，哪裡配得上做麥種呢？於是，我果斷地離開了種子公司的門市，到街上的種子店裡買了幾十斤顆粒飽滿、個個金亮的麥種。

麥種帶回家後，我向父親講述整個過程，父親也沒說什麼，很快就把種子播進田裡去了。直到第二年收麥時我才驚訝地發現，那些顆粒飽滿的麥種長出的麥子並不好，又細又爛不說，產量也很低。而村裡幾家買教授麥種的人，他們的麥穗長、粒實，顆粒飽滿、金亮，產量高出我家好幾倍。

後來我請教了一位農業育種的專家，專家一聽就笑了。他說，那些改良的種子確實看上去不起眼，癟小、亮色也差，可畢竟是經過改良配種的呀，種一年就變得飽滿些，再種一年，就會更加飽滿了，它們一年年克服著缺陷與環境，拚命趨向飽滿和完美。而那些看上去飽滿、金亮、完美無缺的種子，已經完美到盡頭了，沒有路再向上走了，所以只有一年年退化，一年年向缺陷發展，最後被徹底淘汰掉，永遠退出土地和田園。

原來有些時候，完美也是一種缺陷啊。一幅畫得太滿而沒有留白的畫，不能給人想像的空間；一片藍得沒有一絲白雲的天空，不能給人雲舒雲卷的心靈悠然；一張潔白得沒有一個墨跡的紙箋，不能給人詩情畫意的美蘊；一尊完美無缺的菩薩，不能給人生活五味的率真……

完美是一種無法彌補的缺陷，過於完美的人生，恰恰是有缺陷的人生。

修剪夢想

修剪夢想，讓心靈更輕捷執著。

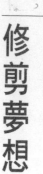

我的陽台上有一盆石榴，樹冠有手腕那麼粗，枝枒是修整過的，有兩個橢圓形的層次，橫枝盤旋蒼勁有力。朋友們常誇這盆石榴，有藝術造型，又能結果實，還挺不錯的。

稍稍令我感到遺憾的是，這盆石榴雖然每年結的果實不少，但都太小，每粒僅有雞蛋大小，遠沒有市場上賣的大，而且色澤也不太好。我總懷疑它是缺肥，於是每年春冬我都會去街上買花肥，把土壤變得更營養。但這並沒有改變石榴果實小、色澤差的狀況，只是葉子更加茂盛了，新枝抽得更多更快了。朋友說這可能是品種問題，不是肥料所能改變的。

有一天騎著單車去郊外，走到了一家苗園。那是一家品種很多的盆栽花圃，有海棠、玫瑰、盤根錯節的榕樹、桃、梅，當然也有石榴盆栽，那石榴長得超級大，一棵樹上結十幾個果實，每個果實都金黃金黃的，有拳頭大小，閃著瑰麗而柔和的果暈，沉甸甸地把樹枝都壓得低垂了。和這些石榴比較起來，我家陽台上的那盆石榴當然十分丟臉。我向那位弓著腰正替盆景施肥的老師傅請教。

老師傅問我：「肥料施得足嗎？」

我說：「應該很充足的。」

老師傅瞇著眼想了一會兒又問我：「你那棵石榴樹齡長嗎？」

我搖搖頭說：「樹齡不長，大概有四、五年吧。」

老師傅說：「四、五年正是豐果期呀，怎麼會那樣？」

老師傅邊做事邊思忖，過了一會兒，老師傅忽然問：「樹上的果實多嗎？」

我告訴老師傅：「每年的果實倒是挺多的，差不多都結幾十個。」

「我明白了。」老師傅呵呵一笑說，「你沒替它疏花(拔除過多的花蕊)吧？」

「疏花？」

老師傅見我不明白，笑笑解釋說：「疏花，就是四五月份石榴開花時，因為花太稠，園藝師就會把一些花修剪掉。不疏花哪行？花太繁，結出的果實就太多，而一棵樹就那麼大，果實太多，自然每顆就會比較小一些了。」

「那麼漂亮的花，白白剪掉多可惜啊。」我笑著對老師傅說。

老師傅感慨地搖了搖頭，有些無奈地說：「是啊，我們疏花時也難下手，可是不剪不行啊，每個花朵都是樹的一個夢，夢想太多，秋天就結不出幾個又大又紅的果實啊。」

第二年又到石榴開花時，陽台上那盆石榴的花也開了，有四、五十朵，每朵都像一朵緋紅的火焰。我要替石榴疏花，家人都惋惜地對我說：「別摘，每一朵花秋天時都是一枚果實呢。」我猶豫了一下，終於還是摘掉了，僅留下了十幾朵。

金秋時節，陽台上那盆石榴果然結出了一顆顆又大又漂亮的果子，拳頭般大小，顆顆金黃晶亮，閃爍著玉色的光芒，美得像一件件工藝品。朋友們來了，一群群圍著那盆石榴嘖嘖驚嘆，並紛紛向我請教經驗。我微笑著告訴他們說：「沒什麼經驗，就是疏花，替它修剪夢想。」

修剪夢想？大家都愣了。

是的，夢想是需要修剪的。像每棵樹都要竭力綻開許多的花朵一樣，在青春時，每個人都擁有著一個又一個的人生夢想。懷著這些夢想，我們一生都在堅持不懈地努力著，但許多夢想都在歲月裡半途而廢夭折了，使我們的人生結出許多又小又澀的果子，沒有一個果實是飽滿而金亮的。

修剪夢想，讓心靈更輕捷和執著。畢竟，時光對於生命是有限的。

沙漠之樹

溫床上長不出參天大樹，襁褓裡絕不會藏著偉人。

有兩個人各在荒漠上栽了一片胡楊樹苗。樹苗成活後，其中一個人每隔三天就挑著水桶到荒漠中來，一棵一棵地替樹苗澆水。不管是烈日炎炎，還是飛沙走石，那人都會挑來一桶一桶的水，一一澆灌樹苗。有時剛剛下過雨，他也會來，錦上添花地再澆一瓢。老人說，沙漠裡的水漏得快，別看三天就澆一次，樹根其實沒吸到多少水，都從厚厚的沙層中漏掉了。

而另一個人呢，就悠閒得多了。樹苗剛栽下去的時候，他來澆過幾次水，等到樹苗成活後，他就來得很少了。即使來了，也不過是到那片幼林中去看看，發現有被風吹倒的樹苗就順手扶一把。沒事的時候，他就在那片樹苗中悠閒地走走，完全不澆一點水。人們都說，這人栽下的樹苗，肯定成不了林地。

過了兩年，兩片胡楊樹苗都長粗了。忽然，有一夜，狂風從大漠深處捲著的沙塵飛來，飛沙走石，雷閃雷鳴，狂風捲著滂沱大雨肆虐了一夜。第二天風停的時候，人們到兩片幼林裡一看，不禁十分驚訝，原來辛勤澆水那個人的樹幾乎全被暴風給刮倒了，有許多甚至被連根拔了出來，折斷的樹枝，倒地的樹幹，被拔出來一叢叢黝黑的根鬚，慘不忍睹。而那個悠閒不怎麼澆水的人的林子，除了一些被風撕掉的樹葉和被折斷的樹枝外，幾乎沒有一棵被吹倒或者吹歪。

大家都疑惑不解。

那人微微一笑說：「他的樹這麼容易就被風暴給毀了，就是因為他澆水澆得太勤，施肥施得太勤了。」

人們更迷惑不解了，難道辛勤為樹施肥澆水是個錯誤嗎？

那人頓了頓，歎了口氣說：「其實樹跟人是一樣的，對它太慇勤，就培養了它的惰性。經常替它澆水施肥，它的根就不會往泥土深處紮，只在地表淺處盤來盤去。根紮得那麼淺，怎麼經得起風雨呢？如果像我這樣，把它們栽活後，就不再去理睬它，地表沒有水和肥料供它們吸收，便會逼得它們不得不拚命向下紮根，恨不得穿過沙土層，一直紮進到地底下的泉源中。有這麼深的根，我又何必擔心枝葉是否不夠繁茂，或會不會輕易就被暴風刮倒呢？」

別給生命以適合的溫床，生命的溫床上只能誕生生命的災難。要使你的生命之樹根深葉茂、頂天立地，那就不能給它太足的水分和肥料，逼迫它奮力向下自己紮根。不管是一棵草、一棵樹，怎樣的條件就會造成怎樣的命運。溫床上是長不出參天大樹的，襁褓裡藏著的絕不是偉人。

沉著

沉著，是一種人生的智慧。沉著，是成功最堅實的基礎。

在風景如畫的澳大利亞，有著數以萬計的珍奇鳥類。其中有美麗而快樂的百靈鳥，聰穎而溫馴的雲雀和鸚鵡，還有漂亮的白頭翁和紅嘴鷗，當然，也有快如黑色閃電的雄鷹和兇猛殘暴的禿鷲。

水美草肥的澳大利亞，是珍禽異獸們天然的生活樂園，鳥群和草叢中不停出沒的兔鼠，也提供雄鷹和兇猛的禿鷲十分優越的生存環境。弱肉強食的雄鷹和禿鷲因為有著豐富的食物來源，在這塊大陸上繁衍壯大得十分迅速，鳥類和兔鼠一有不慎，便會不幸成為這些猛禽們的美餐，甚至有一些飛行速度緩慢，敏捷程度較低的鳥類，差不多都被雄鷹和禿鷲們捕食得幾近絕跡。

但動物學家們經過長期的野外觀察發現，有一種叫鶉鴣的鳥，雖然身材十分肥大，飛行速度和靈敏度也十分緩慢，但卻很少被猛禽捕食。

是什麼讓這種笨笨的大鳥一次又一次逃脫猛禽的魔爪，跳出生命的劫難，於危機四伏中死裡逃生呢？好奇的動物學家躲在原始叢林裡跟蹤一群鶉鴣，悄悄進行著觀察。

一群鶉鴣飛起來了，剛剛盤旋上叢林的天空，附近山崗上幾隻蓄勢待發、老謀深算的禿鷲就一躍而起，像一道黑色的閃電，箭一般呼嘯著朝這群鶉鴣展翅掠來。鶉鴣一驚，但瞬間就鎮定了下來，牠們迅速的潛入身下茂密的林子中，任憑禿鷲們怎麼在林子上空盤旋、淒厲地恐嚇，始終一動也不動，只是鎮靜地棲落在那些縱橫交錯的枝杈間。動物學家說，其他鳥兒如果面臨這樣的險境就不同了，牠們不是驚慌失措地四散逃命，就是魂飛魄散地藏進樹林裡。飛翔逃命的鳥兒們，又如何能快過雄鷹和禿鷲閃電一樣的翅膀呢？牠們在天空就被輕而易舉地獵捕，成了猛禽們的口中之物；而那些潛入林子中的鳥兒，猛禽們幾聲兇猛的淒叫，牠們馬上就被嚇得倉皇飛起來，正中猛禽們的下懷，被捕個正著。

動物學家說：「鵜鶘能逃脫厄運，是因為牠們擁有一種心靈的智慧，這種智慧叫『沉著』。」

處亂而不驚，臨險而沉穩，是鵜鶘逃脫厄運的智慧，但又何嘗不是許多成功人生的哲學呢？那些臨危不亂，在險境前冷靜沉著的人，不因為危急而讓心靈窒息，因此為自己製造了從容喘息的機會，所以往往就會絕處逢生而不被危險所壓倒了。

但那些一遇艱險頓時六神無主的人，危險和艱難還沒有把他們壓倒，他們已經被自己坍塌的心靈擊垮了。

沉著，是一種人生的智慧。沉著，是成功最堅實的基礎。

誰見過鷹的死亡

有許多東西是值得我們崇拜和記憶的。

逛過十幾次動物園，對於那些被鐵柵欄囚禁的動物，我最憐惜老鷹。牠們有著拍雲擊風的強健翅膀，本來應該像雲朵一樣，自由翱翔在天地之間，飄搖在雲浪之端，如今卻只能斂翅靜默在冰冷的鐵柵欄中，低眉順眼地依賴管理員定時定量施予的那一點點肉食存活。牠們的翅膀已不能搏風擊雲，眼神已不能令野兔顫怯，早已不是力量和雄健的象徵。難怪一位詩人朋友嘆息說：「鐵柵欄裡的蒼鷹已不再是鷹，牠們是一隻退化的大鳥。」

八百里蒼茫伏牛山，也曾是鷹們的故鄉。牠們棲宿在山林裡、懸崖上，每天清晨，當太陽剛剛升起的時候，牠們就高高盤旋在村莊上空，像一枚鐵釘釘在湛藍而靜謐的天空裡，牠們有時迎風飛翔，有時候又靜浮在天空中，一動不動，像一片黑黑的雲朵。

牠們靠捕食生活，草叢裡的走兔，低空中穿梭的麻雀，都是牠們追逐的獵物。有時，村莊的雞鴨，甚至小小的羔羊，也常常被牠們明目張膽地一掠而去。但我們並不憎恨牠，甚至有些崇拜牠。祖父告訴我，鷹是一種聖物，每個人都見過牠的飛翔，但誰都沒見過一隻鷹的死亡。祖父說：「鷹即使是死亡，也不會讓人看見的，牠們要飛到天堂裡赴死。」

我們村莊上空有一隻蒼鷹，牠已經在那裡翱翔了十幾年。有一天，牠在村莊上空盤旋了又盤旋之後，突然直直地往高空飛去。老人們說，這隻鷹要死了。我們站在曠地上看著牠，只見牠越飛越高，越飛越高，直到成為一個小小的黑點，最後在眩目的陽光中消失了。

我們期待牠會掉下來，但牠一直沒有。老人們說：「鷹死了怎麼會掉下來呢？牠一直朝著太陽飛，飛近太陽的時候，就被火熱的太陽融化了。」

果然，從那次高飛以後，鷹就再也沒在我們村莊上空出現過。

鷹是具有靈性的，牠們不願死在自己一生傲視的山巒、麻雀、野兔之下。牠們和我們飼養的貓一樣，既然要死亡，就要遠離曾經睥睨的一切，只留下雄健剛然的印象在我們的記憶中。

誰見過一隻自然死亡的鷹？有許多東西是值得我們崇拜和記憶的。

5

面對

面對自己比面對別人更重要

退後一步

距離太近，往往只能看到自己的完美；如果能退後一步，站在旁觀者的位置上看自己，那麼或許就會很容易看出不足了。

一次，我去拜訪一個大畫家。閒談了一會兒，我向畫家求一幅墨寶，畫家欣然應允。於是他在畫案上鋪開一張雪白的宣紙，當場為我作畫。

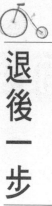

畫家鋪開宣紙後，並沒有馬上動筆，而是抱著胳膊後退了一步，眼睛緊緊地盯著那張潔白的宣紙，認真思索了好久，才跨前一步走到畫案邊，提起了放在硯上的筆畫了幾筆，又輕輕放下，退後了一米有餘，邊踱步邊緊緊盯著畫案上那幅塗了幾筆的畫。

就這樣畫幾筆，停下來，退後幾步看看，思索思索，然後再跨上前塗幾筆，如此反覆幾十次。我沒有想到作一幅畫竟如此艱難，要如此地費神。我以為，作畫作到一定的程度，畫技早就成熟了，不過是提起筆來一鼓作氣，痛快淋漓地揮毫塗幾筆也就成了。哪裡想到像他這樣一位畫壇有名的大師，作一幅畫也要這樣地艱辛。

畫好後，他長長噓了口氣，又退後一步，盯著自己的作品陶醉不已。

我輕輕問他：「畫好了？」

他的雙眼仍不離開畫，只是輕輕搖了搖頭說：「讓我再看看。」

他默不作聲地退後一步看了好久，看得我都替他有些焦急了起來。他蒼老的臉上這才慢慢流露出一絲欣然的笑意。

我高興地問他說：「好了？」

他點了點頭，又很快搖了搖頭說：「再稍等一會兒。」

然後他捧起畫案上的畫，用圖釘釘在牆上，退後一步盯著那幅畫望了很久，才拿起畫筆在畫上小心翼翼地又做了一次細微的修整，然後才滿意地爽聲大笑道：「好了，好了。」

待他坐下來氣定神閒後，我才問他：「剛才您作畫時，為什麼畫幾筆就要退後一步看一看呢？」

他笑了笑說：「這是我們學美術和書法藝術的人共有的習慣。站在自己作品近處看，那是自己在看自己，很難看出作品的不足。退後一步看，拉開了一點距離，就是以局外人的立場看待作品了，容易找出作品的不足之處。只有這樣反覆地退後一步看，作品才會被更多的人所接受。」

誰不總是站在自己的觀點上看自己呢？距離太近，往往只能看到自己的完美，如果能退後一步，站在旁觀者的位置上看自己，那麼或許就會很容易看出自己的不足了。

退後一步看自己，一幅好畫是這樣創做出來的，一個人也是這樣才能完美起來。

兩個病人

生命的結果，有時候往往取決於一個人對生活的責任。

兩個病人住在同一個病房裡，他們的年齡差不多，病情基本上也一樣，只不過一個是城裡的富人，一個是來自偏遠鄉下的窮人。

富人的兒女和親朋好友們一波一波地來病房裡探望他，帶著一束一束的鮮花和各式各樣的鮮果。他們安慰那位富人說：「你現在不用操心什麼了，兒女們個個有出息，要錢有錢，要房有房，什麼都不缺，你就安心養病吧，家裡的一切都不用你去操心。」

而那位來自偏遠鄉下的窮人就不一樣了。鄉下農活太忙，加上路太遠，所以前來探望的人不多，常常是一兩個人行色匆匆地趕來，坐在病人的床頭嘆氣說：「你是家裡的支柱，裡裡外外全靠你的雙手呢，眼看又要到農收了，你不在家，家裡不知要怎樣才忙的過來呢？」

而大部分的時候，只有病人十七八歲的女兒在照護他。有時房間沒其他人時，病人就和女兒嘰嘰咕咕地低聲說話，嘆息兒子到遠方打工不知找到工作沒有，擔憂地裡的莊稼、家裡的雞鴨牲畜，似乎一家人的生活就全靠這個病人了，聽得醫生和護士都心酸酸的。

當只剩下兩個病人靜靜躺在病房的時候，兩人就低聲地聊天。

鄉下的病人嘆息說：「我這病生得真不是時候啊。兒子還沒成家，女兒還沒有嫁，房屋也沒翻修，家裡還有一大堆等著我的農活，我卻躺在這兒享起清福了。」

城裡的病人說：「我如今是不用為這些事費心啦。兒子開了家公司，生意做得還不錯，那錢擋都擋不住地直往家裡湧。女兒呢，在外商公司工作，工作環境好，薪水福利又豐厚。我什麼也不用擔心，只要在這裡靜靜養病就行了，不像老哥你，還有那麼多的事放心不下啊……」

兩個多月後，來自鄉下的病人奇蹟般地痊癒出院了；而來自城裡的病人卻急劇惡化不幸去世了。子女和親友們紛紛質問醫生：「一樣的病情，一樣的處方，一樣的藥品，為什麼人家的病可以醫好，而我們的家人卻不行了呢？」

一位老護士說：「我當護士已經幾十年了，這樣的結果一點也不奇怪，從你們安慰的話裡病人就明白，他對你們已經沒用了，沒有責任了，所以他的身體裡面就不再生成對疾病的抗體。而那位鄉下病人就不同，兒子成家還需要他，女兒出嫁還需要他，家裡的一切都需要他，他還有很多、很重要的責任，所以他的身體裡對疾病的抗體被迅速啟動了。雖然兩位病人患的是同一種病，用同一種藥，而結果卻不一樣啊！生命的結果，有時候往往取決於一個人對生活的責任。」

城裡病人的親朋們聽完老護士的話後都沉默了，但他們的心卻被深深震撼。生命，是一種責任，就像是一朵桃花因為要孕育果實而熱情地綻放了許久；而一朵不結果的仙人球花因為不需要孕育果實，很快就凋謝了。

責任，常常為我們的命運激發出許多對抗苦難和坎坷的有力抗體；責任，是命運汨汨流動的血液，是我們人生前進的動力。

最美麗的花朵

在成功的路上，進取的腳步往往比路旁美麗的花朵或碩大的果實更珍貴。心靈不會尊敬或羨慕你得到了什麼，只敬慕那些不懈奮取的腳步和過程。

古希臘時期，有一個國王已經生命垂危了，王子們焦急地圍在病榻前，渴望國王能把那頂至高無上的王冠和權杖傳給自己，使自己成為威赫四海、權傾天下的新國王。

奄奄一息的國王又何嘗不知道王子們的心思呢？他對王子們說：「在這開滿了花朵的土地上生活了一輩子，我終生都沉醉在那些奇花異草之中。現在我要走了，誰能替我在王宮後花園採來一朵最美麗、也是我最愛的花朵，我就將皇冠留給誰。」

王子們一聽，慌忙爭先恐後地衝到王宮後花園去。當時正是春天，後花園裡百花怒放、蝶飛蜂舞，玫瑰、勿忘我、白玉蘭、鬱金香等爭奇鬥艷，相映生輝。哪一種花最美麗？哪一種花朵才是國王最喜愛的呢？王子們在花叢中跑來跑去，他們都想在最短的時間裡找到最美麗、也是國王最喜愛的那一種花朵。

只有一個王子沒有在甬道兩旁的花叢中逗留。來到花園後，他就立刻拔出佩劍，一劍一劍削除荊棘，拚命地往花叢深處走。他思忖後花園是國王以前常常光顧的地方，既然國王都是沿著花園的甬道賞花，甬道兩旁哪還會有能夠打動國王的花朵呢？

很快，所有王子都各自採了一朵最漂亮的花朵來到了國王病榻前，紛紛把花朵捧給國王看。國王看一朵失望地搖了搖頭，看另一朵又失望地搖了搖頭，沒有一朵能使國王感到滿意。

就在國王趕到徹底失望的時候，那個王子滿身傷痕地匆匆趕回來了。他用染著斑斑血跡的雙手捧上了一個核桃大小的蓓蕾給國王看，愧疚地說：「我找遍了花園的深處只找到了這一朵蓓蕾，沒有找到更美的花朵。」

國王說：「花園深處沒路啊，你是如何走到花叢深處的？」

王子說：「花叢深處是沒路，可是我有劍，我用劍削掉荊棘，就開出了路。」

奄奄一息的國王接到這位王子遞上來的那枝蓓蕾，欣慰地笑了：「深海底的一粒砂，也比海邊的一粒珍珠更珍貴；一枚新徑上採來的草葉，也比花盆裡的玫瑰高貴。何況你採來的還是一朵含苞欲放的蓓蕾呢？」

國王當然把王冠和權杖留給了這位捧來蓓蕾的王子。

在成功的路上，進取的腳步往往比路旁美麗的花朵或碩大的果實更珍貴。心靈不會尊敬或羨慕你得到了什麼，只敬慕那些不懈奮取的腳步和過程。

看輕自己

看輕自己，就是替自己插上飛翔的翅膀。看輕自己，才能在更高更遠的人生天空中自由地翱翔。

在中世紀的歐洲，一個年輕人總是渴望著能飛起來。夢想著像輕盈的雲朵一樣，在湛藍的天空中自由地飄遊；像鳥兒一樣，在森林和大海上隨意地翱翔。

他擁有熱氣球，還擁有農莊和別墅，他擁有許多人不敢奢望的財富和生活。每當天氣晴朗時，他便帶著熱氣球，來到高高的山頂上，看著鷹像箭一般從綠色的叢林中飛起來，然後自由自在地在藍天上盤旋，和一朵朵白雲追逐。但每當他撐開熱氣球，把纜繩拉起來，就要點燃熱氣灶時，他總是猶豫起來。如果熱氣球載著他飛起來，馬上面臨的可能就是生和死這兩種結果。如果能順利起飛，又能平平安安著陸的話，那麼生命仍將繼續。醇美的葡萄酒，濃香的咖啡，還有溫馨的家庭，以及那令人稱羨的美好生活仍將繼續。一旦和許多失敗的飛行者一樣遭遇不幸的話，那麼，誰能經營好他那一片農莊？誰能給他心愛的老婆浪漫和幸福呢？誰又能在黃昏時分向著窗外的夕陽餘暉彈奏出一首首流暢而清悅的曲子呢……記不清楚有多少次，他總是在這樣的猶豫中縮回即將點燃熱氣灶的手，然後滿懷沮喪地帶著熱氣球下山。

但是，乘熱氣球飛翔畢竟是自己最大夢想啊！他想了又想，決定去拜訪一個聞名遐爾的熱氣球飛行家。飛行家十分熱情地接待了他，聽了他的敘說後問他：「小夥子，你知道金塊和羽毛哪個能飛得更高更遠？」

年輕人說：「當然是羽毛了？」

飛行家笑了笑問：「為什麼？」

「這是個再簡單不過的問題了，」年輕人說，「因為金塊比羽毛重啊，太重的金塊如何能飛過輕盈的羽毛呢？」

飛行家笑了，他對年輕人說：「金塊太重，所以飛不起來；而羽毛很輕，所以一縷徐徐的微風都足以使它高高地飛起來。小夥子，人也一樣呀！如果你太看重自己，那麼你就會成為金塊，即便你有世界上最大最優良的熱氣球，也不可能飛起來；如果你能把榮譽、地位、生命看輕些，那麼就可能成為羽毛，即便是一股淡淡的微氣流，也足讓你像鷹一樣飛起來啊！」

飛行家看了看那個年輕人，認真地叮嚀說：「放輕自己，別把自己看得太重，別把自己變成金塊。想飛起來，必須把自己看成羽毛，這是每個成功飛行者的共同祕訣！」

看輕自己，就是替自己插上飛翔的翅膀。

看輕自己，才能在更高更遠的人生天空中自由地翱翔。

勇於承受

你避風躲雨，機遇就會避你躲你。沒有風雨坎坷，怎麼會有幸運和機遇呢？

有兩個年輕的秀才，要到千里迢迢之外的京都汴梁去趕考。家道殷實的秀才想：「遠去汴梁跋山涉水，風吹日曬的，一切都要準備好。」於是張羅著買馬牽驢、置備雨傘、擇童選僕。而一貧如洗的窮秀才，只是懷揣一方端硯、幾支破筆便從容上路了。

富秀才擔心地對窮秀才說：「遠去京城，水路旱路千里之遙，路途上免不了風吹雨打的，你不備車馬不備雨具怎麼行呢？」

窮秀才笑笑說：「我們去汴梁，是為了去趕考，所以我只帶上筆硯就夠了。」

窮秀才因為沒有車馬之便，只好起早摸黑餐風露宿地拚命趕路。而富秀才想：「馬難道跑不過窮秀才的兩條腿嗎？」於是他遇店即宿，太陽沒落山便早早勒馬解韁，日上三竿才登車上路。

走了十餘天，兩個秀才終於在一家客棧裡相遇了。富秀才說：「連日趕路，我累得頭暈眼花，你一定比我更累吧？」

窮秀才說：「我雖然走了這麼遠，但因為只攜了一筆一硯，步履輕鬆，絲毫也不覺得疲憊。」

夜半，閃電雷鳴，忽然下起了滂沱大雨，窮秀才推醒富秀才說：「下雨了，我得趕路去。」

富秀才說：「下這麼大的雨，你沒帶雨具怎麼走？」

窮秀才豁達地笑笑說：「遠走長路，怎麼能怕風吹雨打呢？我不過只有一筆一硯和這一身破衣服，淋濕了又怎麼樣？」於是，窮秀才只戴了一頂斗笠，捲起褲管，毅然冒雨而行了。

天亮了，大雨仍下個不停，富秀才倚門望天而嘆，而窮秀才已經走遠了。

等了四五天，天終於晴了，富秀才立刻策馬而行。走到一條無名河邊，又不得不停下來，原來連日大雨，山洪暴漲，原本一條小河，如今也潮漲河滿，濁浪滔天，何況這河上歷來就沒有渡船。河邊一位老人說：「前些天也有一位趕考的秀才，因為不怕雨淋，不懼路滑，未待這河水暴漲，就渡過河去，現在可能早到汴京城下了。」

富秀才趕到汴梁時，考期早已過去，正值揭榜，同鄉那位窮秀才榜上有名。

富秀才去館驛拜見那位高中皇榜的窮秀才。窮秀才依舊穿著來京時那身舊衣裳說：「你看我的衣服現在是乾的是濕的？」

窮秀才說，「兄長飽讀經書，怎麼不明白這樣的道理呢？人活一生，就像咱們趕路一樣，怕風怕雨怎麼行呢？你避風躲雨，機遇就會避你躲你。沒有風雨坎坷，怎麼會有幸運和機遇呢？不能躲避的，我們要勇於迎接它、承受它。就像一棵草，敢於迎風迎雨，才能汲取日月的精華和水分，才能開花結實。如果為了躲避風雨而栽進山洞裡或大樹下，躲避了風雨雷電的同時，也就錯過了彩虹和陽光了。」

每一個生命又何嘗不是如此呢？為了短暫的一點點安逸，我們常常躲避生命中的那一些艱辛，沒有勇氣去體會它、經歷它、承受它，結果，生命的艱辛一閃而過，而幸運也和我們失之交臂了。幸運，是艱辛身上的一根羽毛。

要享受生命的幸運，就要學會勇於承受生命的艱辛！

人生的溫度

水有三種狀態，人生也有三種狀態。水的狀態是溫度決定的，人生的狀態也是由自己心靈的溫度所決定的。

一群學生就要畢業了。最後一堂課，教授把他們帶到了實驗室。

教授說：「這是我為你們上的最後一堂課了，這是一堂最簡單也最深奧的實驗課。希望你們能永遠記住這最後一堂課，因為這對你們的一生將十分有益。」教授說著，取出了一個玻璃容器，又往容器裡注入了一半的清水。

教授說：「這是常態下的水。如果把它倒進一條小溪裡，它將流入大河，然後和許多水一同奔流湧進大海。」教授把盛水的容器放進一旁的冰櫃說：「現在我們將它製成冰。」過了一會兒，容器端出來了，裡面的水凝結成了一塊晶瑩剔透的冰塊。

教授說：「零度以下，這些水就成了冰。冰是水的另一種形態，但水成了冰，就不能流動了。諸如南極極地的冰，它們呆在那裡幾千幾萬年了，幾公里外的地方它們都不能去，更別說是流向大海了。它們的全部世界就是它們所立足的那丁點大地方。我們實在是替這種水感到深深惋惜和悲哀啊。」

「現在，我們來看水的第三種狀態。」教授邊說邊把盛冰的玻璃容器放到酒精燈上，並點燃了熊熊的火焰。過了一會兒，冰漸漸融化了，後來被燒沸了，咕嚕咕嚕地翻騰出一縷縷白色的水蒸氣，在實驗室裡靜靜地瀰漫著。

過了沒多久，容器裡的水蒸發乾了。教授關掉酒精燈，請同學們驗看玻璃容器：「誰能說出水到哪兒去了呢？」

學生們盯著教授，他們不明白學識淵博的教授為什麼要在這最後一堂課上做這個最簡單的實驗呢？這是他們在初中，甚至在小學時就已經做過的實驗，它太簡單了，簡單得讓大家都懶得回答。

教授看著那些不願回答這個問題的學生們說：「水哪裡去了？它們蒸發到空氣

裡，流進遼闊無邊的天空裡去了。」教授微微頓了一頓說：「你們可能都覺得這個實驗太簡單，但是，」教授口氣一轉嚴肅地說，「它並不是一個簡單的實驗！」

教授對著這些迷惑不解的學生說：「水有三種狀態，人生也有三種狀態。水的狀態是由溫度決定的，人生的狀態也是由自己心靈的溫度所決定。」教授說，「假若一個人對生活和人生的溫度是零度以下，那麼這個人的生活狀態就會是冰，他的整個人生世界也就是雙腳站的地方那麼大；假若一個人對生活和人生抱持平常的心態，那麼他就是常態下的水，他能奔流進大河、大海，但他永遠離不開大地；假若一個人對生活是一百度的熾熱，那麼他就會變成水蒸汽，成為雲朵，他將飛起來，他不僅擁有大地，還能擁有天空，他的世界將和宇宙一樣大。」

教授微笑地望著學生們問：「明白這堂最簡單的實驗課了嗎？」

「不，這不是一堂簡單的實驗課！」學生們異口同聲地說。

「請各位對人生的溫度最少保持在一百度，這樣人生世界才會最大，這就是實驗的最終結論。」教授微笑著說。

實驗室響起了如雷的掌聲。學生們記住了這最後一堂的實驗課，他們知道心靈的溫度將會決定一個人的生活和一生。

有一些實驗看似是簡單的，但簡單裡卻深深蘊藏著豐富的人生哲理，誰能忘記這堂最後的課呢？人生的課，人們會用一生去銘記。

木匠的椅子

過於看重自己的長處，往往造成了自己的缺陷，一個人的不足，常常就隱藏在他最出色的地方。

他是一個技藝高超的木匠，不管多麼破爛、多麼彎曲的木頭，只要交給他，都會化腐朽為神奇，奇蹟般做出一件讓你滿意萬分的傢俱。

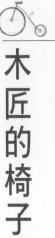

但更讓別的木匠羨慕不已的是，他除了手藝高超外，更拿手的是他的修補技術。不管是門窗、櫃子、椅子、凳子，斷腿的、缺角的、有破洞的，只要交給他，很快就修補得完好如初。甚至許多經他手修補的傢俱，就像是一件做工精細的工藝品。

有一天，他家的椅子壞了，妻子對他說：「這把椅子的木頭朽到不行了，咱們家有現成的木材，乾脆，你重新做幾把椅子吧。」

他拎起那幾把破椅子看看說：「有我這把手藝，你還愁沒椅子坐？」他取來幾根木材，叮叮噹噹忙了半天，那些原本斷腿、破洞的椅子就被他一一修好了。

他的技術雖然好，但新用的木材和原來的木材新舊不一。椅子雖然坐起來很舒服，但木材色澤不一，就像一件打了補丁的衣服，外觀很不好看。

椅子用了半年，有的地方又壞了，是原來沒修補過的地方。他的妻子說：「你有手藝咱家又有木材，這次，乾脆重新做幾把新椅子算了。坐著舒服，又漂亮好看，反正那些木材不用也是放在牆角裡閒著。」

他拎起椅子看了看說：「重新做浪費木材，只用幾根就能修補好了。我有這手藝，還是修補修補吧。」他又取了幾根木材，很快又將那些破椅子重新修補好了。

但沒過多久，那些修補過的椅子有許多又壞了，於是他又鋸了幾根木材進行修補……幾年過去了，椅子又壞了，他去牆角取木材想重新修補時，才發現那堆木材已經用完了。

妻子埋怨他說：「重新做幾把椅子多好，木材新，又漂亮又結實，可是你非要一次次修補，家裡沒新椅子坐就算了，還把那堆木材都用完了。」

他妻子又拉他去看大門說：「瞧瞧咱們家的大門，也是因為你會木工手藝，更擅長木工修補，破一塊地方你就補一塊，破兩塊地方你就補一對。你去瞧瞧鄰居的大門，再看看咱家的大門，簡直不能相比！」

他走出院子，看一眼自己家的大門，果然補得東一塊西一塊的十分難看。而鄰居家的大門，個個做得漂亮又氣派，涮著鮮亮的紅漆，自己家簡直沒法和別人相比。

他忽然明白了，正因為自己是一個手藝高超的木匠，所以家裡才沒有一件像樣的傢俱，沒有氣派的大門和嶄新的椅子。

「屠戶家裡沒肉吃，木匠家裡沒傢俱。」這是一句十分古老的諺語。但又何嘗不是在警示著你我，警示生活中的每一個人呢？工作上的造詣很重要，但恰恰因為我們擁有一技之長，卻像這位木匠那樣，能夠為別人打造千萬把椅子，而自己家裡卻沒有一把新的椅子坐呢。

過於看重自己的長處，往往造成了自己的缺陷，一個人的不足，常常就隱藏在他最出色的地方。

夢想和命運

夢想的大小往往決定了人生事業的大小；夢想的遠近，也往往決定著人生世界的狹隘與廣闊。

一位大學剛畢業的朋友做了青年志工，他選擇到深山貧困的學校去當兩年的教師。開學時，學校安排課程，他向校長說：「麻煩您把分配給我上的課減少些，我需要一些時間教孩子們別的東西。」

頭髮花白的老校長不解地問：「除了教科書，你還要教孩子們什麼呢？」

朋友說：「到這裡幾天，我走訪了一些學生的家庭，發覺孩子們輟學除了因為家境貧寒外，還有一個重要的原因，就是孩子們有厭學的心理。為什麼他們會厭學呢？因為他們都缺少夢想，或者他們的夢想根本和上學沒有絲毫的關聯，所以我想最重要的，就是要教他們學會夢想。沒有夢想，一個人就不會有心靈的動力；沒有心靈的動力，被動地靠別人推著走，肯定難以走遠的。」最後他說，「我要教他們學會夢想！」

「教孩子們學會夢想？」老校長愣了。他教了一輩子的書了，在這貧窮而且偏僻的地方，除了教知識、教技術、教孩子們一些做人的道理，他從來沒有見過也沒聽說過能夠教夢想的。夢想該怎麼教呢？夢想能教嗎？老校長十分疑惑地問我的朋友。

朋友聽了，思忖片刻，對老校長說：「我們不妨現在就到教室裡去聽聽孩子們的夢想吧。」

朋友和老校長來到破爛不堪的教室裡，他們要孩子談一談自己的夢想。

一個男孩子說：「我的夢想是長大後能買一輛自行車，然後騎上它到鎮上去逛一逛。」

一個女孩子說：「我的夢想是能有一件雲彩般的花裙子，穿上它很漂亮。」

還有幾個孩子認真思索了半天說：「我們的夢想是有一天能到城裡去打工，替家裡多賺一點錢，買許多的東西，從此再也不愁吃飯。」

老校長聽著孩子們七嘴八舌的夢想，禁不住哭了。他沒想到，孩子們的夢想竟是這麼的小，這麼的微不足道啊！他擦了一把老淚不安地對朋友說：「孩子們沒見過世面，不知道外面世界有多大，所以夢想渺小得令人心酸，這實在怪不得孩子們。」

朋友望了望老校長，笑著問：「假若你現在也是這個年齡的孩子，那麼你的夢想會是什麼呢？」

「我的夢想？」老校長瞇起眼睛想了半天說：「我的夢想就是能到真正的師範學校去念兩年書。你或許不知道吧，在我們這裡，真正從師範大學畢業的老師才兩個人啊！」聽著孩子們和老校長的夢想，朋友心中感慨萬千。

不久，在朋友的奔波下，第一批學生千里迢迢來到了繁華而喧鬧的城市。川流不息的汽車，一幢一幢的大樓，五彩繽紛的電視，琳琅滿目的超市，神奇的電腦世界……孩子們一下子進入到一個他們根本無法想像的世界。在城市那幾天裡，孩子們明白了一輛自行車並不是多麼難以企及的東西，也知道能擁有兩隻山羊並不是多麼巨大的財富。他們知道了比爾．蓋茲，知道人類已經把腳步踏上了另一個星球，知道航太飛機、核潛艇等。而且也知道了，想擁有這樣的生活並不難，只要好好地學習知識，知識可以改變他們的一切。而這些知識，需要他們踏踏實實地上學。

回來後，許多孩子明顯和以前不一樣了，他們都有了自己嶄新的想法。在《我的夢想》作文中，許多人表達了想當航太工程師、教授等等夢想。幾個曾經想退學的孩子再也不肯退學了，還有兩個被家長逼著輟學的孩子，跪了整整一夜，懇求父母能讓自己把書念下去。

幾批孩子們到城裡逛了一遍後，這裡的貧困孩子失學率驟然下降，而孩子們的成績卻令人吃驚地好了起來。僅僅半個學期，他們的成績就成了附近學校之中最好的。人們很不解，詢問滿頭白髮的老校長，老校長意味深長地說：「這是因為孩子學會夢想了，他們的人生夢想比別人的遠、比別人的大吧！」

是的，夢想對於人的一生是重要的。有什麼樣的夢想就會有什麼樣的命運；夢想的大小往往決定了人生事業的大小，夢想的遠近，也往往決定著人生世界的狹隘與廣闊。

學會夢想，並且讓夢想站得更高更遠，這是讓人生更有價值、更精采的唯一辦法！

堅守自己的高貴

堅守自己的高貴，才不會被世俗所淹沒；堅守自己的高貴，才不會被生活所塗改。

一位美術大師收了一批徒弟。徒弟們就要畢業的時候，大師說：「現在，我要讓你們知道，什麼才是真正的藝術家。」

大師領著徒弟們來到鄉村，把自己曾獲得過全國優勝獎的得意之作掛出來。這是一幅工筆畫，叫《鄉村女人》，畫面上的鄉村女人，雖然未施脂粉，穿著也十分簡樸，但仍然飄逸著一種令人心動的神韻。大師又拿出畫筆，對擠在畫前的村民說：「如果有人認為這幅畫哪裡畫得不成功，歡迎他上來一試身手進行修改。」

一個看似做粗活的男人站出來，他不滿地說：「女人要下田幹活、洗衣、做飯帶孩子，她的手指那麼細怎麼行？」

他拿起一支畫筆把畫上女人的纖纖玉指描粗實了一些。

這個男人剛畫完，一個老頭站了出來，他不滿地說：「她的腰肢太細了，這樣細的腰，只有城裡的女孩子才有，鄉下女人的腰這麼細怎麼行呢？」這個老頭上來把畫上女人的腰又放大了幾吋。

老頭還沒畫完，一位婦女又站了出來，嚷嚷著說：「她的臉太白了，咱們鄉下女人，整天風吹日曬的，臉怎麼可能那麼嫩呢？」婦女抓起筆將女人的臉頰塗得又灰又紅。

接著，一位老太太也站起說：「這個女人的頭髮太黑又太長了，我在咱們鄉下生活了快一輩子了，怎麼不瞭解咱們鄉下的女人整天為過日子發愁，勞心勞力的，頭髮都是又枯又黃。再說，留那麼長的頭髮，下田幹活多礙事，瘋子才會留那麼長呢！」老太太走到畫前抓起畫筆，就像拿起一把鋒利的剪刀，嚓嚓嚓就把畫上女人的長髮抹短了。然後又在那雜亂的頭髮上畫了幾筆，「這是草葉和麥梗。鄉下女人，誰頭髮上不是常常粘些草葉和麥梗呢？」

老太太剛剛滿意地丟掉畫筆，一個在村裡開雜貨店的店主不滿地說：「鄉下女人怎麼會戴玉鐲呢？不值錢又容易碎，金鍊子、金鐲子才是我們鄉下女人心愛的東西！」他拿起畫筆，將畫上女人的玉鐲塗成金光閃閃的金鐲，並且在女人的耳朵下畫了兩個大大的金耳墜。

接著一個診所醫生把畫上女人的腳塗改了，他說：「這女人的腳看上去那麼軟，像沒骨頭似的，這實在太不符合實際嘛。看看村裡女人們的腳，哪一個不是又厚又大的？」他把畫上女人的腳塗得又厚又大，還畫上兩個黑黑的雞眼才滿意地丟掉了畫筆。

最後走上來的是一位鄉村小學美術老師，他站在畫前端詳了半天說：「鄉下的女人沒讀過多少書，哪會有這種仕女一樣的神態啊？不行不行，這神態一點也不像。」他拿起畫筆，把畫上女人嘴角的那一抹淡淡微笑抹掉了，然後又塗改了她那略帶憂鬱又羞澀的眼神，使她的神態顯得呆滯面無表情，這才滿意地說：「這才是鄉下女人嘛。」

半天的工夫，大師那幅得意之作早就變得面目全非了。大師指著被塗改得亂七八糟的畫對徒弟們說：「你們現在明白什麼是藝術？什麼才是藝術家了吧？」徒弟們看著那幅被改得俗不可耐、一文不值的作品，神情凝重地點了點頭。

大師說：「一個人太媚俗，他就成不了藝術家，一幅作品太媚俗，這幅作品就一文不值。」大師頓了頓說：「一個真正的藝術家，絕對不能被世俗所左右，必須時刻堅守自己的高貴！」

堅守你的高貴，才不會被世俗所淹沒；堅守你的高貴，才不會被生活所塗改；堅守你的高貴，才會有自己的出色和成功……期望生命出眾，就不能讓心靈媚俗，就必須堅守自己的高貴。

歸零

對於明天，我們的一切都是零，所以天天事事都要從零開始！

我曾去採訪過一位長跑運動員，問他在比賽中取得驕人成績的祕訣是什麼？他閉上眼略略想了想說：「是歸零。」

歸零？見我不解，長跑運動員取出一台袖珍計時器說：「不論你能用按鍵按出多大的數字，要重新開始，首先就必須歸零。就像我們在環形體育場上，不論過去得過多少次獎牌，也不管你的長跑紀錄多麼令人望塵莫及，要重新角逐獎牌，就必須站在起跑線上，歸零，然後從零再次開始。」

我也曾採訪過一位成功企業家，再三向他追問幾十年來穩持不敗的法寶是什麼，這個年過花甲的老人靜靜地思忖了好久，才嘆口氣說：「我講一則故事吧！」

他說，他第一次坐上董事長兼總經理的寶座時，才二十多歲，十分年輕，可以說是少年得志。那時，他躊躇滿志，有一連串繽紛多彩的瑰麗夢想，加上父輩留下的億萬資產，他壯志滿腹，認為這世界上沒有他做不成功的事情。父親知道他的心思後，什麼也沒說，只在一張紙上畫下一個大大的零說：「這是我要送你的。」

他盯著那幅畫想了幾天，悟不透那個零的意思。他向父親討教，父親說：「把我留給你的一切看成零，把你自己剛剛要開始的人生看作零，你覺得你現在有什麼？」

他沉思了片刻，恍然大悟：「我什麼也沒有，我只有一個零。」

認識到自己是零後，他頓時十分謹慎了，他知道公司擁有萬貫資產，但那是父親留下的，對他自己來說是不折不扣的零。他知道家裡的事業聲名遠播，在各地都頗有聲譽，但他更知道，那一切輝煌都是屬於父親，而對於他自己，也只是個零。

幾十年來，不管曾多麼成功，也不管曾多麼失敗，他都時時記得先將一切歸零。把成功歸零，所以他不曾為成功驕奢過；把失敗歸零，所以他不曾因失敗而氣餒過。不驕奢、不氣餒，他就這麼一步一步地堅實度過自己的人生。用一塊一塊成功的磚，為自己築起了一座成功的巨塔。

他現在很老了，但仍然堅持自己的「歸零」哲學，時時都覺得自己是在重新開始，所以他生活得很從容也很穩健。他笑著說：「對於明天，我們的一切都是零，所以天天事事都要從零開始！」

後來，偶爾在電視上聽到一個美國航太科學家的談話節目。面對發射塔上讓全世界都矚目的太空梭，記者問這位科學家對於自己嘔心瀝血，現在即將要飛向宇宙，並且前途未卜的太空梭，最想說的最後一句話是什麼？這位科學家沉思了半天，才淚光盈盈地抬起頭說：「歸零！」

歸零？不僅許多電視觀眾，就連那位正在採訪的女記者也愣住了。直到科學家緩緩解釋：「所謂歸零，就是祈禱它從我們地球出發，遨遊太空，完成在木星上的所有工作，然後平安地回到這個星球上來！」原來他的歸零是祈禱一次偉大的圓滿啊！

在繽紛而漫長的人生中，目標遠不止一個，旅程遠不止一段，我們曾經讓自己的失敗和成功、歡笑與淚水一次次及時歸零過嗎？讓失敗及時歸零，你就不會有人生受挫的陰影；讓成功及時歸零，你就不會有自大和傲慢……

讓人生中的所有事情及時歸零，你便會擁有一個個圓滿的結果，和一個個充滿憧憬和希望的嶄新開始！

把自己的牌打完

不要提前服輸，不要在成敗沒有最終定論的時候提前放下手中的牌，堅持打完你的最後一張牌，因為許多奇蹟都是在一切似乎都塵埃落定的時候，才出人意料地發生。

一個年輕的英國賭徒，打牌總是輸。他十分生氣，嘆命運不濟，嘆手氣不好，嘆技不如人。輸得家徒四壁時，他決定再也不賭了。但在金盆洗手前，他決定帶重禮去拜見城南那個大名鼎鼎的賭王，請賭王告訴自己為什麼總是輸。

他去了，帶了十分貴重的禮物，那個賭王也會見了他。他痛哭流涕地請教賭王：「我原本有萬貫家產的，可是僅僅幾年，就全部輸光了。每次打牌，我都是輸，沒贏過一次。我智力並不差，我覺得我比許多對手都要聰明。我運氣也還好，只要不賭牌，我還算是幸運的。若說是手氣不好，一次兩次也許有可能，但不可能總是差呀！您能告訴我輸在什麼地方嗎？」

賭王聽了，思忖良久無語。最後賭王說：「這樣吧，我帶你去賭場看我賭一把，或許你就能夠從中找出自己總是輸的原因。」

賭王駕車，帶著他到了附近一座十分豪華的賭場。開始賭牌時，賭王讓他坐在自己身邊，看看自己如何打牌。看了兩局，他覺得賭王的手氣也並非想像中那麼好，他抽到的牌也不怎麼樣，甚至比自己抽到的牌還要差。那麼是賭王的牌技好嗎？他又繼續看，但兩局過後，發現賭王的牌技也不好，有兩次甚至出錯了牌。他越看越想不明白了，賭王的手氣如此的差，牌技也不是多麼出色，那麼為什麼能贏？為什麼能成為賭王呢？

他坐不住了，幾次都想站起來，但看到賭王那種無論輸贏都不急不躁的樣子，只好安安靜靜地繼續坐下來看。有一局，他看到賭王手裡只剩下兩張很小的牌了，這幾乎是兩張不可能贏的牌，按他自己過去的賭法，早就放牌俯首認輸了。

他俯在賭王耳邊說：「放牌吧，這一局我們已經輸定了。」賭王不理睬他，依舊泰然自若地握著手中的牌，等到別人剛把牌亮出來，賭王就微笑著打出了自己手中的牌。

賭王贏了，因為別人的牌比賭王的更小。

他傻在一旁看著賭王，連連稱奇說：「奇蹟，真是奇蹟啊！這樣小的牌您竟也能打贏！」

賭王微微一笑說：「不把手裡的牌打完，你怎麼知道自己到底是輸了，還是贏了？」

接下來他又屏聲靜氣地看了幾局，其中有好幾局賭王都是在快要山窮水盡時反敗為勝。他驚訝極了，對賭王說：「我終於知道自己輸在哪裡了！」

賭王問：「你說說看？」

他不好意思地說：「每當我手中只剩一把小牌時，牌還沒打完，我就認輸了。」

賭王點點頭說：「是啊，牌沒打完，你怎麼就知道自己輸了呢？輸贏都要打完手中最後的一張牌，意想不到的奇蹟往往都是在最後發生的啊！」

賭王說：「在牌局上，當你打出大牌的時候，別人打出的往往也是大牌。等到你手中的大牌打完時，別人手中的大牌也都差不多已經打完了，那麼你有什麼理由認定別人手中的牌就比自己手中的牌大呢？沒打完手中的最後一張牌，輸贏都是未知數，所以任何時候都不要提前認輸，都必須打完最後一張牌！」

是呀，沒打完手中最後一張牌，我們怎麼就能輕易斷定自己輸了呢？賭局上的牌是這樣，人生中的牌也是如此。有許多時候，我們並非是輸在自己手中的牌有多少，而是輸在沒有勇氣堅持打完最後一張牌。不要提前服輸，不要在成敗沒有最終定論的時候提前放下自己的牌，堅持打完手中的最後一張牌，因為人生的許多奇蹟都是在一切似乎都塵埃落定的時候才出人意料地發生的。

6

把自己放低

把自己放低，才能吸納別人的智慧和經驗。

人生的高度

炫耀長處是徒勞無益的，只有努力彌補不足和缺陷，才是提升人生高度和境界的唯一辦法。

有一個年輕人在法禪寺修行。他很有悟性，十分聰穎，無論多麼深奧的經文，他一看就明白了，很受寺裡方丈和住持的器重。寺裡講經釋禪時，方丈常常讓他坐壇授經，有外出雲遊的機會，方丈和住持也常常帶他去。

時間一久，這個年輕和尚的心開始有些浮躁。寺裡朝九晚五上經課時，連德高望重的年邁方丈都早早坐在經殿裡了，全寺就他一個人總是姍姍來遲。有時寺裡的僧人應邀下山做法事，住持派他去，他總是百般婉拒，說要研習經文，沒有時間。偶爾寺裡清掃庭殿，全體老少僧人灑水的灑水，揮帚的揮帚，他卻躲起來睡覺。寺裡的僧人都對他很不滿意，但他對那些僧人卻嗤之以鼻，總是傲慢自大地我行我素。

一天，方丈提來一個花花綠綠的木桶給他，並說：「遠方一位得道高僧雲遊天下，將到法禪寺掛單小住，高僧早聞法禪寺十里外有菊潭，用那潭水煮茶可養心修性，所以懇請法禪寺派人去菊潭取一桶水來，以備他早晚品茗之用。」方丈又說，「寺裡其他寺眾都很忙，所以只得勞駕你去了。不過請千萬記住，這木桶不大，須得提滿滿一桶水回來，方夠高僧一天飲用。」他接過木桶，很不情願地走了。

走了十幾里，好不容易到了翠竹掩映下的菊潭。那潭水真的極好，不但甘爽清冽，還瀰漫著一縷縷淡淡的菊香。他彎下腰盛水，但盛了幾次都只盛了半桶，怎麼也盛不滿。他感到十分奇怪，細細端詳那只木桶才發覺，箍桶的木板之中，有一塊只有半個木桶高，比其他的木板矮了許多。任你怎樣盛，桶裡的水只能達到那塊矮桶板的高度，根本沒辦法盛滿一桶水。他十分生氣，方丈給了一個有缺口的木桶，那水怎麼能盛得滿呢？

回到寺裡，他提著半桶水去見方丈。

方丈笑著問：「提回滿桶的水了嗎？」

他將木桶的缺口指給方丈看說：「這一塊桶板這麼矮，怎麼能盛滿一桶的水呢？」

方丈笑了笑說：「你看清每一塊桶板上的字了嗎？」

他回答說：「看了，有的寫著學識，有的寫著品行，有的寫著辛勤，有的寫著耐勞，有的寫著謙虛。那十幾塊桶板上都寫著不同的字。」

方丈說：「是啊，一個木桶有十幾塊桶板，不論別的桶板再長再高，只要有一塊桶板很矮，那這個桶不管怎麼盛水，也只能盛到和這塊矮板相同的深度，永遠都不能將桶盛滿。而一個人的學識、品行、勤懶、謙驕，正代表著木桶的一塊塊桶板，即使其他方面十分出色，但只要有一樣很矮，他也永遠盛不滿自己啊。」

年輕僧人一聽，頓時感到十分慚愧，他馬上向方丈說：「大師，我一定會將自己身上那塊矮桶板補起來。」

大師笑了。是的，一個人的人生高度能到達哪個境界，往往不是因為最出色的那幾塊長「桶板」，而是看缺陷的那塊短「桶板」來決定。因此，炫耀自己的長處是徒勞無益的，只有努力彌補不足和缺陷，才是提升人生境界的唯一辦法。

把自己放低

把自己放低，才能吸納別人的智慧和經驗。

一個滿懷失望的年輕人千里迢迢來到法門寺，對住持釋圓和尚說：「我一心一意要學丹青，但至今沒有找到一個能令我心滿意足的老師。」

釋圓問：「你走南闖北十幾年，真的沒能找到一個老師嗎？」

年輕人深深嘆了口氣說：「許多人都是徒有虛名啊，我見過他們的畫，有的畫技甚至還不如我呢！」

釋圓聽了，淡淡一笑說：「老僧雖然不懂丹青，但也頗愛收集一些名家精品。既然施主的畫技不比那些名家遜色，就煩請施主為老僧留下一幅墨寶吧。」說著，便吩咐小和尚取來了筆墨硯和宣紙。

釋圓說：「老僧的最大嗜好，就是愛品茗飲茶，尤其喜愛那些造型流暢的古樸茶具。施主可否為我畫一個茶杯和一個茶壺？」

年輕人聽了說：「這還不容易？」

於是調了一硯濃墨，鋪開宣紙。寥寥數筆，就畫出一個傾斜的水壺和一個造型典雅的茶杯。那水壺的壺嘴正徐徐吐出一脈茶水來，注入到那茶杯中。

年輕人問釋圓：「這幅丹青您滿意嗎？」

釋圓微微一笑，搖了搖頭。

釋圓說：「你畫得確實不錯，只是把茶壺和茶杯放錯位置了，應該是茶杯在上，茶壺在下呀。」

年輕人聽了笑道：「大師何以如此糊塗，茶壺朝茶杯裡注水，哪有茶杯在上茶壺在下的？」

釋圓聽了，又微微一笑說：「原來你懂得這個道理啊！你渴望自己的杯子裡能注入那些丹青高手的香茗，但卻總把自己的杯子放得比那些茶壺還要高，這樣香茗怎麼能注入你的杯子裡呢？澗谷把自己放低，才能得到一脈溪水；而把自己放得最低的陸地，才能成為世界上最深的海洋。人，只有把自己放低，才能吸納別人的智慧和經驗啊。」

年輕人思忖良久，終於恍然大悟。

倒下的木板

阻擋自己前進的牆壁，只要能把它推倒，或許就可以為你鋪出一條最平坦的大路。

一得和尚剛剛剃度到雲濟寺的時候，寺裡的釋源住持因為偏見，極不喜歡他。

面對釋源的冷言冷語，一得覺得度日如年，於是他收拾了行囊，去向方丈釋義大師辭行，準備另投他寺，弘揚佛法。

鬚眉皆白的方丈聽完一得的辭行原因後，微微一笑說：「雲濟寺有釋源，難道其他名剎古寺就沒有釋源這樣的僧侶嗎？」釋義大師吩咐幾位沙彌抬來了四塊又厚又長的木板，讓一得坐在中間，然後將木板豎起圍成四面牆壁，又在四周遍佈荊棘，對他說：「你什麼時候能從這木井中走出來，再跟我談辭行的事吧！」

釋義大師走了，一得被囚在「木井」中急得跳腳。他嘗試著爬牆壁，但豎起的木板又光又滑，根本就爬不上去。一直到了半夜時分，一得又氣又急，他用肩膀猛撞一塊木板，木板終於被他撞得微微晃動了。一得繼續不停地用肩膀撞那塊木板，那塊木板終於咚的一聲被一得推倒了。

一得高興地鑽出「木井」，剛要抬腳走，卻被一種尖銳的東西刺得疼痛不已。他藉著月色一看，原來是堆在四周的荊棘。這荊棘堆得又厚又密，連一隻貓也鑽不出去，一得踟躕了好久，一拍腦袋說：「那塊倒下的木板不正是一條走出荊棘叢的路徑嗎？」

一得到了釋義大師的禪室，大師微笑著說：「怎麼走出木井的？」

一得說：「我推倒了一塊木板。」大師又問：「怎麼跳出荊棘叢的？」

一得得意地說：「推倒的木板，正好鋪成一條又平又坦的道路。」

釋義大師微微一笑說：「你在這雲濟寺裡的處境，同你在木井中一樣。只要能用心去推倒困境障礙，那麼困境和障礙就會變成一條平坦的道路。」

一得恍然大悟，他繼續留在了雲濟寺，最終以勤奮和聰穎，贏得了釋源住持和全寺僧侶的尊重。釋源圓寂時，還力薦一得擔任雲濟寺的住持。

人生的煉爐

責難你的人，往往是把你放在他心中的人。

一個聰穎的年輕人到法禪寺剃度出家，和他同時到寺裡剃度出家的年輕新僧有近百個。寺裡對這群年輕的沙彌管教得很嚴，打柴、挑水、清掃殿堂，苦活重活全給他們做。尤其對這個年輕僧人，住持顯得特別嚴厲，什麼工作辛苦，就派他做什麼，一點都不給他休息的機會。

寺裡釋禪講經，住持也特別「關照」他，頻頻要他回答最難的問題。許多時候，一節授經課裡，住持會要他回答幾十次問題，而其他小沙彌可能連一次也沒有。別人答錯或答不出問題，住持都十分寬容；而他一旦答錯或答不出，住持卻十分嚴厲，不是要他一個人到牆角尷尬地席地而坐，就是罰他抄經幾十遍甚至上百遍。他感到十分委屈，於是去見德高望重的方丈：「住持對我心存偏見，在這裡修佛不成，我想另覓寺門。」

方丈聽了，微微一笑說：「大雄寶殿的門檻壞了，需要換新，另外寺裡還要雕一尊佛像，你明天去後山伐一根大樹扛回來，待門檻修好，佛像坐上蓮台，再談你離寺的事情吧。記住，門檻和佛像，伐一棵樹就夠了，不許濫伐。」

按照方丈的吩咐，第二天他果然到寺後的森林裡砍了一棵大樹扛了回來。第三天，方丈請來了幾個木匠，木匠們將樹幹鋸成兩段，一段只簡單刨了幾刨，就做了大雄寶殿的門檻。另一段呢，木匠們又是用水浸，又是用火烤，折騰了好久，然後在上面畫出了佛像的輪廓。幾個木匠圍著這段木頭，有的揮鋸，有的掄起板斧，有的舞起鑿刀和小錘仔細地鑿，有的拿著雕刀伏在木頭上小心地雕刻，反正，所有的工具通通用在這段木頭上了。

幾天後，那段木頭變成了一尊慈眉善目的佛像，鍍上金水後，就擺在了大殿裡的蓮花座上，受到前來進香的香客們跪拜。

方丈把他帶進大雄寶殿，指著門檻和蓮花座上的佛像說：「這是同一棵樹的兩段木頭，只經過簡單加工的，做了人人從頭上過的門檻；又刨、又鋸、又鑿、又雕的，成了人人頂禮膜拜的金佛。」方丈頓了頓對他說：「現在，你可以決定自己的去留了。」

他頓然十分羞愧，忙向方丈行禮說：「方丈大師，小僧明白了。」從此，他靜心在法禪寺撞鐘誦經，許多年後，成了法禪寺有名的方丈。

不要怨恨責難，責難你的人，往往是把你放在他心中的人。責難是煉金的火焰，只有在責難裡淬煉，一塊石頭才能在出爐時成為黃金。

敗於自己

有時失敗，其實是敗給自己。

一位棋道高手退休後被聘請為教練，他培訓年輕選手的方式十分特別。

他不教他們怎樣去進攻別人，也不教他們如何運用謀略。只要他們天天對弈，決出輸贏後，記住對弈時的每一步，然後仔細推敲自己的每一步落子，找出失誤。這就是他交給那些年輕棋手們的作業，找出自己的失誤最多者，他就表揚；找出失誤少的，他就十分嚴厲地予以批評。

這樣教的時間長了，年輕棋手們開始有意見。大家都說他教棋的方式太單調，既不能旁徵博引講出令人信服的理論，也沒有實戰的經驗和技巧。雖說過去他的確是個棋道高手，但顯然他不適宜當教練。同行的幾位教練也對他十分不解，怎麼能如此教棋呢？不傳謀略，不傳技巧，只讓棋手自察失誤，如此怎麼能培訓出一流的棋手呢？

面對年輕棋手的不滿和其他教練的不解，他依舊我行我素，還是認真地要棋手們體察自己對弈時的失誤。有時，他只是給出一個簡單的提醒，讓棋手們去自我發現和體察。

剛開始時，每局對弈下來，每個棋手都能找出自己的諸多失誤，甚至許多人都覺得自己簡直太大意了。但日子久了，那些棋手們的失誤越來越少了，有的甚至一局對決下來竟沒有一次失誤。

這個時候，選手們開始向他要求：「傳授點理論和技巧給我們吧。對弈，畢竟是要取勝於別人，不是自己和自己決勝負，沒有謀略和技巧怎麼行呢？」

教練笑了笑說：「棋道沒有什麼技巧，也沒有什麼謀略。一個對弈高手，最大的技巧就是輕而易舉地發現自己的破綻，最高的謀略就是能夠避免自己的失誤！」

後來，他所培訓的選手參加對弈大賽，和許多頂尖的棋手對決。很多高手紛紛被他們一一擊敗，那些高手們驚訝不已，個個搖著頭嘆息道：「這些年輕選手太厲害了，雖然沒什麼技巧和謀略，但卻絲毫找不到他們的破綻和失誤，他們贏就贏在沒有失誤上。」

獲勝之後，那些年輕選手們欣喜若狂地回來向他報喜。他說：「一個棋手能否贏得了別人，技巧和謀略都無關緊要。最重要的是要贏自己，杜絕自己的失誤。沒有失誤，沒有破綻，任何人都對你束手無策。」

是啊，人生難道不是一場對弈嗎？那些善於發現自己不足的人，及時克服自己的失誤，不給對手留下絲毫破綻。穩紮穩打，步步為營，於是他們獲勝了。而那些不能發現自己缺點的人，他們的失誤造成了一個又一個的破綻，給了對手一次次進攻的機會，於是，在一次次的不慎失誤裡，他們被對手抓住機會徹底擊敗了。

自己的失誤，往往就是遭到對手擊敗的機會。許多時候，我們並不是敗於自己的弱小，而是敗於自己的失誤。

生命是一筆財富

生命就是一筆財富，生命就是一種資本。

一個年輕人，做生意被騙了，賠得血本無歸，債台高築。年輕人很沮喪，一個人來到海邊，決定不想活下去了，要投海自盡。正當年輕人站在懸崖旁，長嘆一聲就要閉眼跳下的時候，一個老人拉住了他。

老人說：「年輕人，怎麼如此傻呢？」

年輕人哭著說：「不是我傻，我做生意被人欺騙了，賠得一無所有不說，還欠下親朋好友許多的債，真是上天無路入地無門，所以只好走這條絕路了。」

老人同情地聽年輕人說完，笑笑說：「年輕人，你不過就欠下了這區區幾萬塊外債，想賺回來，那是很容易的。如果你願意，我們可以談一筆生意。」

年輕人心如死灰地說：「我如今身無分文，一點本錢也沒有，還能做什麼生意呢？」

老人笑了笑說：「不，年輕人，你很富有，你有雄厚的本錢，如果你樂意，我可以把我的打算說給你聽聽。」

年輕人想，反正已經死路一條了，早死一會兒或晚死一會兒也沒差，聽聽這個老人到底要說什麼。於是淡淡地說：「你說吧。」

老人說：「第一筆生意不需要你投入一分本錢，還可以將你欠下的外債一筆勾銷。」老人笑笑接著說：「有一個電影明星，有很多的錢，演技很出色，很有發展前途。但令他遺憾的是，年幼的時候，他有一根手指不幸被機器夾斷了。他想買一個修長的手指頭，好讓醫院替他做斷指接上的手術。他可以付兩萬元。年輕人，這兩萬元足可還上你全部的債務了。你願意做這筆生意嗎？」

一根手指才兩萬元？年輕人想想搖了搖頭說：「價格太低了。」老人笑了笑。

老人說：「那只好來談談第二筆生意了。那是一個億萬富翁，他腎臟衰竭了，想買一個年輕而健康的腎臟，出價二十萬元。小夥子，你願意做這筆生意嗎？」

一個腎臟才二十萬元？年輕人聽了，馬上又搖搖頭說：「二十萬元太少了，傻瓜才願意去做這樣的生意！」

老人笑笑對年輕人說：「太可惜了！年輕人，這麼多錢你不拿，卻要白白把它扔到海裡去。年輕人，你是不是傻瓜呢？」

年輕人愣住了。

老人淡淡一笑解釋說：「你這麼年輕，你的頭、四肢、眼睛、腎臟至少可以值一百萬元。但你現在卻想把它白白扔進大海裡，海不會給你一分錢，魚兒們也不會給你一分錢。一百萬丟進了海裡，你什麼也得不到，你說你是不是這世界上最大的傻瓜？」

自己價值一百萬元？還是個百萬富翁？雖然已經是一無所有，但還有生命，生命難道不是一筆巨額的財富嗎？年輕人笑了，高興地向老人道謝說：「謝謝老人家的指點，我再也不會自殺了。因為您讓我明白，雖然我賠了一點錢，但我仍然很富有。因為我有年輕的生命，生命就是一筆財富啊！」

生命就是一筆財富，一種資本。可能你現在還一無所有，但你並沒有山窮水盡，仍然是一位百萬富翁，擁有雄厚的資本，有柳暗花明的成功機遇……

只要還擁有生命，一切都會實現。

最深的哲理

天上不會突然掉下麵包。

古羅馬有一位酷愛哲理的國王，他要求各地的官員和宮庭裡的大臣每人每年都要替他收集或感悟出至少一條生活中的哲理箴言。只要獻上出色的哲理，國王就賞賜黃金或者加官晉爵；若是哲理差的人，國王就罰他的俸祿或削奪他的官職。

有這樣的國王，羅馬帝國很快就成了哲理箴言最豐富的國度。整個國家收集和整理的哲理箴言難計其數，一個人學一輩子都可能學不完。國王想了想，就召集了一群全國最有智慧的智者，吩咐他們：「哲理箴言浩如海洋，誰能學得完呢？請你們一一閱讀這些箴言，挑出最出色的名句來，編成一本書，以便教育子孫後代。」

接到國王的命令後，這群智者誰也不敢怠慢，夜以繼日地閱讀和挑選。兩年多後，他們終於把挑選出來的哲理箴言送進王宮請國王過目。一下子拉來了幾十馬車，國王一看很不滿意地說：「挑來挑去還有這麼多，不行，請各位帶回去再仔細篩選！」

於是智者們又重新篩選了一次。篩選完畢，還剩下兩馬車。但國王仍然認為太多，於是命令智者們要沙裡淘金繼續篩選。

歷經十幾年，智者們經過層層篩選，終於把他們公認最經典的箴言篩選成了一本書。他們把這本書獻給國王看，國王不滿地說：「還有這麼多，這怎麼能讓全國的人一聽就牢牢記住呢？請你們拿出全部的智慧，從這本書中只篩選一句最富哲理又最容易傳誦的箴言來。」

這群智者們攪盡腦汁，終於選定了一句大家公認為最富哲理又最能示人的至理箴言，然後送給國王。國王一看，這句箴言只有短短一句話：「天上不會突然掉下麵包。」

國王十分滿意，認為這將是一句能流芳千載又於人最有用的千古經典。

是的，這的確是一句經典的哲言。幾千年了，至今也沒有人撿到過從天上掉到他手裡的麵包，人類已徹底驗證了這句哲言的偉大和正確。天上不會掉下麵包，無論是誰都需要努力地付出，才會有收穫。

忍耐的心

生命的河流中，沒有什麼東西是永恆的，只需要我們的耐心。

德高望重的禪師帶著年輕的僧人外出雲遊。有一天，他們經過一條小溪，溪水清亮甘冽，老禪師禁不住讚歎：「多麼醇美的一條溪水啊！」

年輕僧人也禁不住隨聲附和：「這真是塵世上難得的一條淨溪了。」老禪師笑笑，什麼也沒有說。

不久，下起了暴雨，暴雨下得風狂雨驟。雨停下後，老禪師把缽遞給年輕僧人說：「現在我實在口渴得很，請你帶著缽去剛才經過的那條小溪盛回一缽清水來。」

年輕僧人高興地接過缽走了。

過了一會兒，年輕僧人失望地回來了。老禪師問：「水呢？用缽盛回清水了嗎？」

年輕僧人沮喪地說：「我找到了那條小溪，可是那條小溪現在渾濁不堪，有小鳥飄落的羽毛，有枯草，還有許多被暴雨沖下來的枯木屑，根本就喝不成，所以我只好空缽回來了。」

老禪師說：「那我們就等一等吧。」

禪師和年輕僧人在樹林等了半天，禪師又吩咐年輕僧人：「現在你再去找那條小溪，端一缽清水回來吧。」

年輕僧人說：「那條小溪太髒太渾濁了，怎麼會有清水呢？」

禪師微微一笑說：「你現在盡可放心地去，肯定能盛回來一缽清水的。」

年輕僧人半信半疑地走了，他穿過茂密的樹林，走過濕漉漉的草地，到了那條溪邊一看，他十分驚訝，這條小溪現在清澈極了，那水就像晶瑩的玉液，溪底的沙子石粒清澈可辨，游在溪裡的小魚小蝦，就像游在透明的空氣裡。年輕僧人彎腰俯在溪邊，就像是對著一面光亮的鏡子……

年輕僧人高興地盛了一鉢清水，然後小心翼翼地端回去找禪師。見到禪師，年輕僧人說：「真是十分奇怪，這半天的工夫，那溪水又變得十分澄澈了。」

老禪師接過年輕僧人的清水，把它潑在地上說：「我並非口渴，如此三番兩次讓你去看那條小溪，我只是要你明白一個道理。」

年輕僧人低頭想了想，興奮地說：「我知道這個道理了。那就是，在生命的河流中，沒有什麼東西是永恆的，只需要我們的耐心。」

老禪師聽了，讚許地點了點頭。

生命的河流沒有什麼是永恆的，歡樂與憂愁，貧窮和富足，困難和得意，笑容與淚水……當我們面對生命的時候，要有一顆平和而寧靜的耐心。

有耐心，事情就一定會有讓人滿意的轉機。

心底荷花

一個心地澄明，胸藏荷花的人，如何能不是佛呢？

弘一法師托缽遊歷杭州時，恰逢日寇大兵壓城，滿城商店閉門打烊，百姓紛紛離鄉背井逃難，幾個原本準備接待弘一法師的故交因忙於送家人避難而沒有及時等到弘一法師。

到杭州時，弘一法師已囊空如洗。他一路打聽著到靈隱寺，因為大兵壓境，寺內的和尚已傾寺外逃，只剩一個德高望重的方丈和一個小和尚留守。弘一法師來到靈隱寺外，但見寺門緊閉，寺前麻雀悠閒覓食，車馬幾乎絕跡。大師敲開寺門，那個看守寺門的小和尚不認識弘一法師，不耐煩地對法師說：「現在城外日寇大兵壓境，我們寺裡的和尚都四散逃命去了，哪還顧得上你這雲遊僧人呢？別來這裡了，你趕快到別處逃命去吧！」說著就咚地關上了寺門。弘一法師無奈，只得忍著轆轆飢腸，拖著幾乎邁不動的老腿離開了靈隱寺。

離開靈隱寺後，法師無處可去，只好信步沿西湖一路走去。此時恰值五月，西湖之水豐盈澄澈，湖中微風徐徐，荷花盛開。走到離靈隱寺不遠的湖岸，只見湖中荷葉田田，潔白的荷花如雲朵一般綻開在湖面上，大師頓覺心魂澄澈，萬物清朗，不覺停下腳步，遙對荷花在岸邊坐了下來。

中午時分，守寺的小和尚經過湖邊，見早上被他拒絕的雲遊僧人竟沒有遠去，還在寺前的湖岸旁席地而坐。小和尚好奇地走上前說：「你這個僧人，還不趕快到別處逃命，坐在這裡做什麼呢？」

弘一大師聞言，頭也沒回，只是指著湖中的朵朵蓮花說：「你快坐下來看，這荷花開得多麼好啊！」

小和尚一怔，又勸弘一法師說：「荷花開得再好，哪有性命要緊？你還是趕快走吧！」

大師不理不睬，依舊癡癡地遙望著湖水中的荷花，小和尚無奈，搖搖頭嘆息一聲拂袖走了。

回到寺裡，小和尚對方丈說：「不知從哪裡來了個癡僧人，早上來咱們寺裡，被我拒絕了，勸他還是逃命要緊，想不到他竟被西湖中的幾朵荷花迷住了，現在還坐在湖邊呆呆地賞荷花呢。我好心好意又去勸他走，他卻不理不睬，只說荷花開得真好，還邀我同他共賞荷花，你說這和尚是不是太癡呆了。」

方丈一聽，立刻責怪小和尚說：「你怎麼不開門讓他進來呢，這樣的僧人一定是得道的高僧啊！」

小和尚不解地說：「看他蓬頭垢面癡癡傻傻的樣子，可能是個瘋僧，怎麼會是高僧呢？」

方丈歎了口氣說：「大兵壓城，他卻不去逃命，借住被拒，他卻不馬上另投他方。幾朵荷花讓他如癡如醉，置生死於度外。這不是心地澄明，四大皆空的高僧，誰能做到呢？」

方丈站起來說：「快，快帶我去見高僧！」

兩人來到湖邊，見弘一法師果然還在如癡如醉地賞荷，方丈忙說：「不知高僧光臨敝寺，請高僧海涵！」弘一法師回過頭來，一指湖中說，「瞧，那荷花開得真好啊！」

方丈小心翼翼問：「敢問大師法號？」

那僧人說：「貧僧法號弘一。」

「弘一？」小和尚大吃一驚，難道他就是名揚四海的弘一法師嗎？

在寺裡安頓好弘一法師後，小和尚問方丈說：「你怎麼能知道他就是高僧呢？」

方丈說：「一個在亂世中能胸藏荷花的人，他若不是佛，也是距佛不遠的人，怎麼能不是高僧呢？」

倒空你的杯子

自滿，往往使一個人活得比塵埃低；謙虛，常常能使一個人的心靈遠比世界還大。讓心靈高遠，必須時時倒空心靈的杯子。

一個年輕人自恃滿腹經綸無所不曉，他到找到法海禪寺裡才識淵博的了悟大師：「我原本準備拜謁一些天下名師希望能夠再多增長一些學問，但見過幾位所謂的大師之後，心裡就十分失望了，原來他們個個名滿天下，卻不過是徒有虛名，如此而已啊。」

望著傲慢而洋洋自得的年輕人，了悟禪師只是微笑不語。年輕人頓了頓又說：「我聽說大師學問淵博，今日是專門來請大師賜教的，請大師不吝指點一二。」

了悟禪師還是微笑不語，只是取來一個茶杯放在年輕人面前的茶案上，又吩咐小沙彌去提一壺沸水來。

不一會兒，小沙彌就提來了一壺吱吱噴著蒸氣的沸水。了悟禪師接過水壺，徐徐往杯子裡注水，一直注得水往外四溢才停下來，然後若有所思地說：「貧僧年高糊塗，忘了替施主放茶葉了。」說著，便從茶案上取出一筒茶葉說，「這是友人贈我的珍稀名茶大紅袍，請施主品嚐。」於是便捏了一撮丟進了茶杯裡。但杯子裡的水太滿，茶葉放進杯子，便馬上和水一起溢了出來。

年輕人聽說是大紅袍，早已驚歎不已，見放進杯裡的茶葉因為水太滿溢了出來，更是十分惋惜，馬上伸出手指，將溢出來的茶葉輕輕撿起又放回杯子裡。

年輕人剛將茶葉放進杯子，了悟禪師就提起水壺往杯裡又注了一脈水。杯子裡水太滿，茶葉立刻又隨水溢了出來。年輕人無奈，又渴望能品嚐這難得的珍稀大紅袍。於是，待禪師剛剛停止注水，就又伸出手去，將溢出的茶葉小心翼翼地撿到杯子中。

但年輕人剛撿完，了悟禪師就又提起壺來往杯子裡注水，來不及沉下去的茶葉又一次隨水溢了出來。

望著一次又一次溢出杯子的茶葉，年輕人終於忍不住了，他埋怨了悟禪師說：「茶杯已經如此滿了，你怎麼還不停地往杯子裡倒水呢？像大師這般沖茶，什麼樣的好茶也不能留在杯子裡的，這不是白白浪費珍貴的佳茗嗎？」

了悟禪師說：「我只是替施主添茶啊！」

年輕人不滿地說：「茶杯已經滿了，已經一滴水也盛不下了，你再添注，它還是一點也容不下了。」

了悟禪師哈哈一笑說：「原來施主懂得這個道理啊！」見年輕人不解，了悟禪師頓了頓說：「茶杯滿了，再也不能接納一滴水；人心滿了，就同樣很難再接納一點學問了啊。就像是這珍稀的大紅袍茶葉，再高再深的學問，只要茶杯和人心滿了，也是會被令人痛惜地溢出的。」

了悟禪師端起年輕人面前的杯子，將水潑掉，又抓了一撮大紅袍放進杯中，注上半杯水說：「倒空你的杯子，你可以品到世上最妙的香茗；倒掉你心靈裡的自滿，你才可以學到世上最深奧的學問啊！」

年輕人慚愧萬分，忙對了悟禪師說：「大師，我懂了。」

倒空你的杯子，才可以接納到新鮮的淨水；倒空你的心靈，才能夠不斷容納深奧的知識。自滿，往往使一個人活得比塵埃低；謙虛，常常能使一個人的心靈遠比世界還大。讓心靈高遠，必須時時倒空心靈的杯子。

珍惜每一句話

未經思考就脫口而出的話，會成為我們路上的絆腳石。

一個年輕人經常出言不遜，親朋好友苦口婆心地勸他，他總是毫不在乎地說：「不就是說錯了幾句話嗎？有什麼值得大驚小怪的？」

一天，村子裡來了一位智者。年輕人對智者很不以為然，還對智者說了一句很不尊重的話。有人批評了年輕人後，年輕人又毫不在乎地說：「不就是說錯了幾句話嗎？我向他道歉，把那幾句話收回來不就行了嗎？」

智者聽了，微笑不語，他請人取來一把鐵錘和幾十枚鐵釘，然後吩咐年輕人說：「小夥子，請你把這些釘子釘到樹上去。」

當然，釘幾十枚鐵釘對年輕人來說並不是什麼太難的事情。年輕人拿起鐵錘和釘子，叮叮噹噹地釘了起來，一眨眼的工夫，就把那些鐵釘全釘進到樹幹裡去了。見年輕人輕而易舉就釘完了，智者又吩咐：「小夥子，請你把這些釘子再一一拔出來。」

這個年輕人想，這些釘子再拔出來，也不是一件多難的事情啊。於是，他捲起袖子去拔剛才釘進去的那些釘子。

但令他十分驚訝的是，剛才那些沒費什麼力氣就釘進去的釘子，現在拔出來卻是萬分地艱難。他咬著牙拚命地用力拔，那些釘子卻絲毫不動。費了好大的勁兒，拔了半天，他累得精疲力竭，卻只拔掉了區區三枚釘子。他不好意思地對智者說：「釘進去那麼容易，但沒想到拔出來卻是這麼難啊！」

智者笑了，他把年輕人帶到樹前，指著樹幹上那又小又深的釘孔說：「就是拔出來了，那又能怎麼樣呢？樹幹上還是留下了這些深深的傷痕。」

智者又看了一眼這個年輕人，語重心長地說：「不加思索地對別人出言不遜，就像輕而易舉就把鋒利的釘子釘進樹裡，釘進別人的心靈裡。儘管向別人道歉，為你說出的話請求原諒，可真正能得到諒解的，就像從樹幹裡向外拔釘子這麼的難。而且，那些傷人的話語就算是求得了別人的諒解，也已經在別人的心靈上留下了深深的傷疤啊。」

年輕人聽了，慚愧地說：「我現在明白出言不遜會是多麼深的一種傷害了。」智者聽了，高興地笑了。

何嘗不是如此呢？有許多時候，我們常常因為缺乏冷靜而對別人出言不遜，把鋒利的釘子深深釘進別人的心靈裡。但當我們痛悔著懇求別人給予諒解時，真正的冰釋前嫌卻是那麼的艱難。即使我們再三勞神費力獲得了別人的諒解，卻在別人的心靈裡留下了永久無法彌補的傷痕。

詹道夫．史坦納說：「未經思考就脫口而出的話，會成為我們路上的絆腳石。」要使我們的人生之路少一點坎坷，多一點平坦，就必須珍惜和慎重對待我們要說的每一句話。

珍惜自己的每一句話，這是一個人人生最良好的開局。珍惜自己的每一句話，這是獲得別人尊重自己的基本條件。

肯定自己

要別人信任自己，就必須敢於自己肯定自己。

一八六一年，亞伯拉罕．林肯五十二歲，經歷過無數場演說和競選活動，他終於艱難地脫穎而出，成為美國共和黨第十六屆總統候選人。

但對當時許多美國選民來說，這位來自斯普林菲爾德森林深處小木屋的總統候選人，大家都不太瞭解。在選民們的強烈要求下，國會議員決定讓兩位總統候選人亞伯拉罕．林肯和史蒂芬．道格拉斯舉行一場面對面的政治辯論會。辯論會在曼哈頓的庫珀協會舉行，在講台就座的有：東部文化鉅子、《紐約晚郵報》編輯威廉．卡倫．布賴恩特、紐約著名律師大衛．達德利．菲爾德、《紐約論壇報》的賀拉斯

・格里利等社會知名人士，以及一些德高望重的國會議員。

辯論開始後，亞伯拉罕・林肯和史蒂芬・道格拉斯你來我往唇槍舌劍地進行了辯論。他們的精采辯論不時贏得台上台下選民的一陣陣喝彩。辯論會進行了三個多小時，沉著冷靜的林肯和巧舌如簧的道格拉斯難分伯仲。這時，《紐約晚報》的記者向林肯和道格拉斯提出了一個大膽的問題：「如果讓你投票，你會把自己的選票投給誰？」

聽到這個提問，台上台下頓時全沉寂了下來，人們都焦急地盯著林肯和道格拉斯這兩個幾乎是勢均力敵的總統候選人，等待著他們的回答。

靜默了兩分鐘後，史蒂芬・道格拉斯首先含混其辭地回答說：「對於這個問題，我無法站在這裡回答，也拒絕回答。」

聽罷史蒂芬・道格拉斯的回答後，林肯跨前一步，微笑著充滿自信地說：「我會把這一票投給自己，投給亞伯拉罕・林肯，因為沒有人能比我做得更好！」

林肯的回答餘音未落，會場內便響起了排山倒海的掌聲和喝彩聲。幾天之後開始選舉，眾多的選民們紛紛把選票投給了亞伯拉罕・林肯。對於一個充滿自信並且敢於肯定自己的人，有誰會不相信他呢？

要別人信任自己，就必須敢於自己肯定自己。一個連自己都不能相信的人，誰還會去信任他呢？

成功需要多長時間

成功其實不需要太長的時間，用上你發呆或喝咖啡的時間已經足夠了。

兩個年輕人酷愛畫畫，一個很有繪畫的天賦，一個資質則明顯差一些。二十歲的時候，那個很有天賦的年輕人開始沉醉於燈紅酒綠之中，整天美酒相伴醉眼迷離，此後便丟掉了畫筆。

而那個資質較差的年輕人雖然極為貧困，每天需要打柴、下田勞作，但他始終沒有丟掉鍾愛的畫筆。每天回家再晚再累，他都會點亮油燈，伏在破桌上全神貫注地畫一個鐘頭。即使在他為別人製作桌椅床櫃的時候，工具箱裡也時刻裝著筆墨紙硯。休息的短暫間隙，行路時路邊稍坐，他都會鋪上白紙，甚至以草枝代筆，在泥地上畫一畫。四十年後，他成功了，從湖南湘潭一個名不見經傳的小鎮木匠，成了世界知名的畫壇大師，這個人就是齊白石。

齊白石成功後，曾和他一起酷愛繪畫的那個年輕人到北京來拜訪過齊白石，他和「白石老人」齊白石一樣，已經是年過六旬的老頭了。兩人促膝交談，齊白石聽他慨歎美術創作的艱辛和不易，聽他述說對繪畫半途而廢的深深惋惜，莞然一笑說：「其實成功遠不如你想的那麼艱辛和遙遠，從木藝雕刻匠到繪畫大師，僅僅只需要四年多的時間。」

「只需要四年多？」那個人一聽愣了。

齊白石拿來一支筆、一張紙伏在桌上算給他看，「我從二十歲開始真正練習繪畫，三十五歲前一天只能有一個小時繪畫的時間，一天一小時，一年三百六十五天，只有三百六十五個小時，三百六十五個小時除以二十四，每年繪畫的時間是十五天。二十歲到三十五歲是十五年，十五年乘以每年的十五天，這十五年間繪畫的全部時間是二百二十五天。三十五歲到五十五歲的時候，我每天練習繪畫的時間是兩小時，一年共用七百三十個小時，除以每天二十四小時，總折合是三十一天，每年三十一天乘以二十年合計是六百二十天。從五十五歲至六十歲，我每天用於繪畫的時間是十小時，每天十小時，一年是三千六百五十個小時，折合一百五十二天，五年共用七百六十天。二十歲到六十歲，我繪畫共用一千六百零五天，總折合四年零四個月。」

四年零四個月，這是齊白石從一個鄉村懵懂青年成為一代畫壇巨匠的成功時間。很多人對齊百石僅用了四年零四個月的時間很驚愕。但何須驚愕呢？其實成功離每個人都不遠，只要堅持勤奮，不要畏懼成功的遙遙無期，成功其實不需要太長的時間，用上你發呆或喝咖啡的時間已經足夠了。

大大的享受拓展視野的好選擇

TALENT 大拓 Talent Tool

永續圖書線上購物網
www.foreverbooks.com.tw

tool

謝謝您購買 也許，一切都是最好的安排 這本書！

即日起，詳細填寫本卡各欄，對折免貼郵票寄回，我們每月將抽出一百名回函讀者寄出精美禮物，並享有生日當月購書優惠！

想知道更多更即時的消息，歡迎加入"永續圖書粉絲團"

您也可以利用以下傳真或是掃描圖檔寄回本公司信箱，謝謝。

傳真電話：（02）8647-3660　　信箱：yungjiuh@ms45.hinet.net

☺ 姓名：　　□男　□女　　□單身　□已婚

☺ 生日：　　□非會員　　□已是會員

☺ E-Mail：　　電話：（　）

☺ 地址：

☺ 學歷：□高中及以下　□專科或大學　□研究所以上　□其他

☺ 職業：□學生　□資訊　□製造　□行銷　□服務　□金融

□傳播　□公教　□軍警　□自由　□家管　□其他

☺ 您購買此書的原因：□書名　□作者　□內容　□封面　□其他

☺ 您購買此書地點：　　金額：

☺ 建議改進：□內容　□封面　□版面設計　□其他

您的建議：

廣告回信
基隆郵局登記證
基隆廣字第57號

新北市汐止區大同路三段一九四號九樓之一

大拓文化事業有限公司收

請沿此虛線對折免貼郵票，以膠帶黏貼後寄回，謝謝！

也許，一切都是最好的安排

- 請至鄰近各大書店洽詢選購。
- 永續圖書網，24小時訂購服務
  www.foreverbooks.com.tw
  免費加入會員，享有優惠折扣
- 郵政劃撥訂購：
  服務專線：(02)8647-3663
  郵政劃撥帳號：18669219